HEART
心│視野

HEART

心|視野

理想の自分、自分の強みを見つけて生まれ変わる!
魔法の質問見るだけノート

找到理想自己‧改變人生的

74個

魔法提問

50萬人實踐!

每天花10秒提問，人生就能心想事成

Are you sure?

YES!

NO!

松田充弘—著 賴惠鈴—譯

每天花 10 秒提問，人生就能心想事成！

　　非常感謝各位拿起這本書，我是提問家松田充弘。各位日常生活中是否也有以下的煩惱呢？

　　「感覺在職場上找不到自己的容身之處。」
　　「自己沒有任何優勢。」
　　「想挑戰『什麼』東西，卻不知道『想做什麼』。」

　　事實上，世界上大多數人都在日常生活中懷抱著這種惶惶不可終日的煩惱，我寫這本書的用意就是希望能解決這些煩惱。

　　「只要 10 秒就能改變人生。」

　　身為一個提問家，我每天都這樣告訴來找我諮詢的人。上述的 10 秒是理解問題、回答問題的時間。這樣的問題才有衝擊性與威力。

　　我現在是提問家兼生活旅行者，隨心所欲地在日本與海外飛來飛去，與深愛的伴侶一起過著不被時間與場所束縛的生活。

　　只不過，以前的我絕非過著一帆風順的人生，總是煩惱著「找不到真正想做的事」、「嘗試過各式各樣的挑戰，可是都失敗了」、「銀行的存款餘額每天都在減少，回過神來已經負債了」……。

　　我在這樣的情況下遇到了提問。回答別人的問題時，就像被施了魔法似的，思考為之一變，就連至今裹足不前的事也敢採取行動。自從發生那件事以來，我開始每天問自己一個問題，要自己回答，如此周而復始的結果，最後整理出來的就是「魔法的提問」。

　　我自己也每天回答「魔法的提問」，持續15年以上，目前已是「魔法的提問」的講師，活躍於日本各地。商場上有許多經營者及管理者

都導入「提問式經營」，因此提升業績、成果斐然的好消息不絕於耳。教育上，我為全國 300 所學校以上導入提問的課程，不只日本的學校，也在倫敦、新加坡、澳洲、西雅圖、布拉格、曼谷等各地的學校開課，教育英才。

本書將透過這些「魔法的提問」篩選出各位想做的事和優勢。尤其特別推薦給以下這種人。

□ 看了自我啟發的書也得不到答案的人
□ 得不到想要的結果，陷入低潮的人
□ 找不到想做的事或優勢，對自己沒信心的人
□ 正在找工作或準備轉換跑道的人
□ 想結束「尋找自我」的旅程，開始享受人生的人

本書的 Introduction 將深入挖掘魔法提問的魅力。
第 1 章：傳授大家為了找到自己想做的事和優勢必須具備什麼心態。
第 2 章：一步一步地為各位解說如何找到自己想做的事。
第 3 章：將介紹如何找出優勢的方法。
第 4 章：教大家如何應用前面章節學到的智慧。
第 5 章：將為各位介紹為了得到理想的未來必須養成哪些習慣。
第 6 章：列出 12 種資質的特徵，希望各位都能將自己的風格發揮到淋漓盡致。

另外，本書還準備了「魔法的提問」，希望各位看完那一頁時都能捫心自問。光是能依序回答這些「魔法的提問」，就能更清楚自己想做的事、有什麼優勢，所以一定要挑戰到最後喔。

我由衷地期許各位看完這本書都能找到自己想做的事和優勢，讓自己的生活過得多彩多姿，同時也獲得理想的未來。

松田充弘

找到理想自己·改變人生的

74個
魔法提問

- contents -

Introduction
「魔法的提問」
能發現自己的風格

Chapter 1
用魔法般的心態
引導出你的「真心」

Chapter 2
用魔法般的問題
找出想做的事

Chapter 3
用魔法般的問題
找出你的優勢

Chapter 4
用魔法般的問題來
打磨「想做的事」與
「優勢」

Chapter 5
用魔法般的習慣
獲得理想的未來

Chapter 6
用魔法般的診斷
面對自己的資質

「魔法的提問」收錄列表

Chapter 1
- 為了滿足自己會做些什麼呢？
- 為了讓能量循環，會做些什麼呢？
- 你分享了什麼？
- 你內心隱藏著什麼樣的想法？
- 你內心的聲音說了些什麼？
- 你想要貫徹什麼樣的事情呢？
- 試著思考背後有著什麼樣的核心事實？
- 你想要打破了哪些既定概念？
- 你擁有哪些才能？
- 你有什麼不為人知的一面？

Chapter 2
- 什麼時候是你感覺最幸福的時刻？
- 你想做出什麼樣的貢獻？
- 什麼是理想的生活方式？
- 什麼是你自己的價值觀？
- 哪裡是可以讓你發光發熱的地方？
- 你有什麼不克服也沒關係的弱點嗎？
- 什麼是你不用努力也辦得到的事？
- 什麼是你寧願付錢也想做的事？
- 你喜歡的事具有哪些變化？
- 什麼是因為興趣使然而去做的事？
- 為了實現夢想該怎麼做？
- 會接收到哪些訊息呢？

Chapter 3
- 周圍的人對你有什麼要求？
- 誰是需要你的人？
- 什麼是你能做的事，而且是至少會有一個人因此而感到高興的事？
- 你的指南針前端有什麼？
- 你想實現哪些理想？
- 行動與結果哪個比較重要？
- 你想協助誰？
- 什麼是那個人（公司）就算付錢也想解決的問題？
- 對方的內心深處藏著什麼樣的心情？
- 你蒐集了哪些資訊？
- 你想為別人做什麼？
- 你認同自己哪些地方？
- 什麼是只有自己才做得到的事？
- 對你而言，什麼是真正重要的事？

Chapter 4

- 怎樣才能讓人用心做選擇，而不在乎得失呢？
- 你擁有什麼樣的直覺？
- 你持續不斷、腳踏實地地做了哪些事？
- 什麼是你想要的狀態？
- 什麼是你現在做得比過去好的事？
- 為了珍惜這一刻，你可以做些什麼？
- 什麼是你可以不用做的事？
- 為了讓自己更有質感，你會怎麼做？
- 為了靠近想實現的目標，你今天可以做些什麼？
- 你想以什麼為最優先？

Chapter 5

- 什麼方法能讓你早上神清氣爽地起床？
- 哪句話可以成為你的心靈支柱？
- 你與自己的心靈進行什麼樣的對話？
- 你安排什麼時間，讓自己靜下心來？
- 你現在的氣色如何？
- 誰是你最重要的人？
- 理所當然的日常生活隱藏著哪些喜悅呢？
- 今天想讓誰感到幸福？
- 你希望協助哪些人呢？
- 你把自己得到的知識運用在哪些地方？
- 你有什麼遠大的夢想呢？
- 假如今天就是最後一天？

Chapter 6

- 你做了什麼有貢獻的事？
- 你有什麼願景？
- 你通常會有什麼樣的靈感？
- 你喜歡什麼樣的和諧？
- 你會思考，該怎麼做才能讓那個人開心嗎？
- 為了活得更像自己，你會做些什麼？
- 你想得到什麼樣的經驗？
- 你想開拓什麼樣的路？
- 什麼是花時間也想做的事？
- 你想成為哪種獨一無二的人？
- 為了取得平衡會提醒自己什麼？
- 什麼事會讓你充滿期待？
- 什麼樣的人才算專業？
- 假如能自由自在地做任何事，你想做什麼？
- 對完美這個字眼有什麼印象？

「魔法的提問」
能發現自己的風格

光是回答「魔法的提問」就會像施了
魔法似地發生變化。
先來探索箇中的奧妙吧。

01

找出你的優勢！
何謂「魔法的提問」？

「魔法的提問」藏有許許多多的威力。為了培養「魔法提問力」，首先要了解由 4 個步驟構成的「魔法提問原理」。

實踐「魔法提問」時，基本上是以 4 個階段的問題為循環。這個循環同時也是魔法的提問原理，第 1 個階段是「**什麼？**」（What ？）亦即從搞清楚自身追求的目的和應該要面對的課題開始。第 2 個階段是「**真的嗎？**」（Are you sure ？）問自己第 1 個問題得到的答案是不是自己內心真正想要的答案，如果沒辦法毫不考慮地回答「YES」就要思考「為什麼？」（Why ？）根據得到的答案回到第 1 個問題，重新再來一遍。

由 4 個階段構成的「魔法的提問原理」

第 1 個問題 ｜「什麼？」（What ？）

弄清楚目的及課題。

自己想做什麼？

有什麼問題？

第 2 個問題 ｜「真的嗎？」（Are you sure ？）

問自己第 1 個問題得到的答案是不是自己內心真正想做、該做的事。

YES!

NO!

如果能毫不考慮地回答「YES」就可以進入下一個問題

否則就要問自己「為什麼？」（Why ？）從第 1 個問題再來一遍

一旦找到敢斷言是自己真正想要的答案，接著就要來到第 3 個問題「**所以呢？**」（What do you want？）思考接下來的事。想像實現願望後可以得到什麼、會有什麼改變能讓人提起幹勁。最後則是「**該怎麼做才好？**」（How？）思考自己該採取什麼具體的行動，付諸實行。然後再回到第 1 個問題，這次可以問自己一個新的問題，讓自己回答。重複以上的循環就是「魔法的提問原理」。

第 3 個問題　「所以呢？」（What do you want？）

思考達成目的及解決課題
後能得到什麼。

第 4 個問題　「該怎麼做才好？」（How？）

思考自己該採取什麼具體的行
動，付諸實行。如果能再問自己
「什麼時候？」（When？）定
下期限，就能加速實行。

好的問題能讓人生變好

問題的本質在於讓各位「覺察」。「覺察」與「行動」環環相扣，
能讓你的人生更充實。

　　「魔法的提問」為何具有改變人生的力量呢？大概很多人都不相
信光是回答問題就能讓自己的內心有所改變吧。可是無論再大的變化，
基本上都是從非常細微的小事開始。而「魔法的提問」則會賦予我們
這樣的契機。問題又分成「好問題」和「壞問題」。好問題會促使我
們用自己的頭腦思考，煩惱及問題的輪廓則具有讓我們認識自身的優
勢或特徵的「覺察」力量。

好問題讓我們「覺察」

「好問題」
帶出積極向上的情緒、
刺激思考力，具有讓我
們發現自己本身的魅力
及解決問題的「覺察」
能力。

「壞問題」
誘發消極負面的感情，
擴大不安及不滿、嫉妒
心等等。也會讓人喪失
自信或停止思考，陷入
不愉快的情緒裡。

另一方面，壞問題則如「為什麼倒楣的總是我？」、「為什麼當時不○○？」具有讓負面情緒增幅的作用。人在思考的時候會無意識地自問自答，只要養成向自己提出能帶出積極向上情緒的「好問題」並回答這些問題的習慣，你的人生肯定會更光明吧。因此這本書裡準備了大量的「好問題」來問各位。看完這本書時，你應該也能培養出改變自己的「提問力」。

03 讓「魔法提問」更有效的 3 大法則

回答「魔法提問」有個重點，那就是不要勉強自己一定要找到正確答案。以下介紹 3 個能讓「魔法提問」更有效的法則。

　　不管是再好的問題，只要搞錯「**狀態**」，效果就會急劇下降，令人遺憾。舉例來說，某個人面對應該要解決的課題時，你問他：「你認為怎麼做才能順利完成？」這原本是促使對方思考的好問題，但如果這個問題是以責備對方的語氣說出口，或是以嚴肅的表情警告對方，會有什麼結果呢？對方會觀察問問題這個人的臉色，感到垂頭喪氣，根本無心回答。自問自答的時候也是相同的道理。

魔法的提問 3 大法則

ALL OK!

答案 A
答案 B
答案因人而異呢
答案 C

＼ 法則 1 ／

一切都是正確答案

就算是同一個問題，因應時代及環境的變化也有無數個答案。所以不要追求絕對正確的答案，而是傾聽自己內心真正的聲音。

　　如果太執著於要對問題「找出好答案」而忽視自己真正的心情，可能會提出不合自己現狀的結論。這時為了要更放鬆下來冷靜思考，請記住以下的規則。那就是「一切都是正確答案」、「不回答也是正確答案」、「接受所有答案」這 3 點。這 3 點有助於擁有柔軟的頭腦，才能不急不徐地一面維持士氣，一面深入地思考。不要繃得太緊，只要能保持坦率的心情，過濾出自己內心深處真正的願望，你該前進的方向就會自己浮現出來。

\ 法則 2 /

不回答也是正確答案

遲遲找不到答案……

不必急著勉強自己找出答案。大腦遇到問題會一直思考直至找出答案。所以請耐心地等待答案自己浮現出來。

\ 法則 3 /

接受所有的答案

以寬闊的心態自由地思考！

無論出現什麼樣的答案，都要保持彈性地接受「原來也有這種想法」，這種態度非常重要。不被束縛的心能為人生帶來自由。

Chapter 1

用魔法般的心態
引導出你的「真心」

想做的事和優勢都可以靠「魔法提問」來找到。
可是啊，為了改變，請先整理好「心態」。

優先滿足自己的心

如果想要回答「魔法提問」，請先整理好你的心。以下將為各位介紹調整心態的想法及方法。

在思考改變你人生的「魔法提問」時，以自由且放鬆的狀態來面對是最理想的狀態。可是在壓力無比巨大的現代社會，總是不自覺地把自己囚禁在消極的思考裡，**「香檳塔法則」**有助於緩和這種狀態。這是用把杯子堆成香檳塔的思考方式來為人生重要的事物安排優先順序，根據這種法則，一定要先斟滿最上面的玻璃杯，也就是滿足自己的心。

香檳塔法則

用把杯子堆成香檳塔的思考方式來為人生重要的事物安排優先順序，幸福的祕訣是先滿足最上面的杯子，也就是自己的心。

幸福及愛的能量

第一層　自己 →

第二層　家人 →

第三層　朋友、同事 →

第四層　工作伙伴等等 →

第五層　地區及社會上的人們 →

請把自己看得比什麼都重要！

由上往下依序填滿

　　滿足了自己的心，才有餘力溫柔對待周圍的人，才能腳踏實地地解決問題。因此，為了最優先滿足自己的心，我想推薦一個具體的作法，那就是製作「喜悅清單」。亦即寫下只要能稍微讓你開心一點、快樂一點、感覺幸福一點的事情，每次情緒低落時就從清單中選一件事來做，讓自己的心態恢復輕鬆的狀態。聽起來或許太過於單純，但只要像這樣下點小工夫，就能成為改變你人生的第一步。

製作喜悅清單

何謂喜悅清單？
事先把能讓自己感到喜悅的事條列式地寫下來。情緒低落導致絕望灰心時，只要從清單中選一件事來做，就能讓心情變得輕鬆。

能讓自己感到
喜悅的清單
・喝花草茶
・追劇
・唱 KTV
・和朋友講電話
・曬太陽
・照顧植物
・散步
・聽音樂

寫下所有能輕
鬆地消除壓力
的方法吧！

**魔法的
提問**　為了滿足自己會做些什麼呢？

02 選擇能補充能量的行動

能量 能滿足自己的心、讓人生充滿活力。提高能量後,「魔法提問」將變得更有效。

前面介紹給大家的「香檳塔法則」提到,優先將幸福與愛的能量注入屬於自己的杯子這點很重要。那麼,注入的能量究竟要從哪裡來呢?答案非常簡單,「做自己喜歡的事情」將會湧出行動來源的能量。相反地,做自己本來不想做的事則會不斷地消耗能量。

消耗能量的狀態

做不想做的事會耗損能量

能量一旦減少，心靈就無法獲得滿足，因此變得心浮氣躁，把氣出在周圍的人身上，變得討厭自己，情緒更加低落，陷入惡性循環。這時請擠出時間來投入於自己喜歡的事，提高幸福的能量。前一個小節介紹的「喜悅清單」等方法就派上用場了。在充滿能量的狀態下提出「魔法提問」，其答案也會充滿能量、積極向上，召喚更多的能量，進入良性循環。

充滿能量的狀態

變得積極向上

有餘力關懷別人

也能提高「魔法提問」的效果

喜歡的事

能量表　高

做喜歡的事能提升能量

魔法的提問　為了讓能量循環，會做些什麼呢？

23

03

「付出」
是為了讓人生更豐盈

給予別人什麼東西的人，與反過來只想得到什麼的人，哪種人
能建立良好的人際關係，過上更豐盈的人生呢？

　　為自己的心注入能量，讓心靈保有空間之後，接下來應該要意識到「成為能給予別人什麼東西的人」。人生在世，**付出**愈多愈不虞匱乏。就像「積善之家必有餘慶」這句話的意思，給予別人東西，不知不覺將得到更多的福報。請試著想像看看，你比較想跟總是向別人索求，奪走別人的時間與能量的人交往，還是比較想跟總是分享喜悅的人打交道呢？

總是向別人索求的人

周圍的人紛紛離你而去

答案不用想也知道吧？想遠離需索無度的人、想靠近願意付出的人乃人之常情。在建立這種關係性的人當中，肯定也有人會給你意想不到的回報。建立起付出與獲得的關係，可以讓人生過得更豐盛，讓你的心靈更有餘裕。而穩定的心態有助於提升「魔法提問」效果，不妨利用這個機會，好好地思考一下與他人的關係。

願意與別人分享的人

POINT

・不求回報
・忘記自己曾經付出

我有很多，與大家分享！

下次再報答你！

周圍的人都聚集過來了

魔法的提問 你分享了什麼？

04 答案永遠不在外面
而在裡面

出現任何問題時，人很容易怪罪到別人頭上，但愈是這種時候，
愈需要反省自己的行為與態度。

　　只要能「成為能給予別人什麼東西的人」，就能自然而然地拓展
交友關係。但請不要來者不拒地跟所有人混在一起。為了分辨誰才是
自己需要的人、想建立關係的對象，必須先搞清楚自己想遇見什麼樣
的人才行。與第一次見面的人說話時，你是不是會好好地介紹自己？
是不是有過與他人交談時，無法讓對方對自己產生興趣，最終無法建
立良好關係的經驗呢？

不懂得自省的人

　　為了避免這種情況發生，重點在於平日就要自問自答：「自己需要什麼？不需要什麼？想跟什麼樣的人建立關係？」不願意面對自己內心世界的人很容易把所有問題都怪罪到外界的因素。這種人就算實踐「魔法的提問」也得不到好的 答案 。視線不要老是看著外面，而是朝向內在，只要能有意識地製造與自己對話的時間，就能自動對「魔法的提問」導出理想的答案。

能面對自己內心世界的人

自己哪裡
做錯了？

該怎麼改正自己
的哪裡？

刻意讓思考朝向
自己的內在

不管發生任
何問題……

勇於面對

這點在回答
「魔法的提問」
時也很重要！

應該解決的
問題、麻煩

心

魔法的
提問　　你內心隱藏著什麼樣的想法？

搜尋自己的心

對於很容易被網路上的資訊影響的現代人而言，養成面對自己心情的習慣，將具有重大的意義。

　　我前面說過「要擠出時間來與自己 **對話** 」，但是對於現代人來說有個很大的障礙，那就是網路。在這個人手一只智慧型手機等電子通訊設備、透過社群網站或便利的搜尋引擎，隨時隨地都能得到龐大資訊的現代，人類用自己的頭腦思考的機會逐漸減少。有不知道的事、想知道什麼的時候，是不是也對網路上的資訊照單全收，就自以為理解了一切不是嗎？

隔絕不需要的資訊，與自己對話

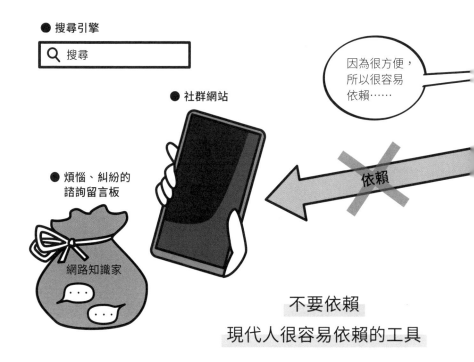

● 搜尋引擎

Q 搜尋

● 社群網站

因為很方便，所以很容易依賴……

● 煩惱、糾紛的諮詢留言板

網路知識家

依賴

不要依賴
現代人很容易依賴的工具

　　另外，想購買商品的時候，是不是也曾經受到網路上其他人源源不絕的評論影響，不小心買了不該買的東西、不用買的東西呢？現代人時時刻刻曝露在氾濫成災的資訊中，想要隔絕其他人產生的噪音干擾，擠出時間來面對自己的心情其實意外地困難。想知道自己的優勢或期望時，上網搜尋也找不到答案。應該搜尋自己的內心。「魔法的提問」就是幫助各位探索自己的內心世界，也就是所謂的關鍵字，只要能利用「魔法的提問」刻意地不斷與自己對話，應該就能更敏銳地察覺自己的心情。

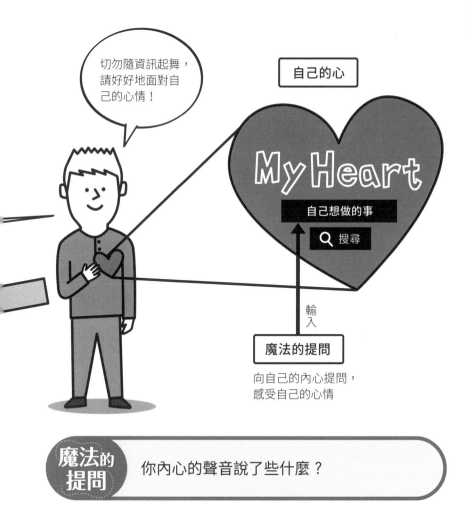

切勿隨資訊起舞，請好好地面對自己的心情！

自己的心

My Heart

自己想做的事

🔍 搜尋

輸入

魔法的提問

向自己的內心提問，感受自己的心情

魔法的提問　你內心的聲音說了些什麼？

不管別人再怎麼看，你還是本來的你

為了能對自己提出「好問題」，重點在於不要被旁人的意見或 評價 影響，而是要貫徹自己的意見。

前面為各位說明不要只看到自己的外在，而是要將目光聚焦在自己的內在，面對自己心中真正的心情，是很重要的。然而，對大多數人而言，要排除所有外在的因素，專心面對自己並不是一件容易的事。舉例來說，你平常希望別人能給你什麼樣的評價呢？幾乎所有人都希望自己在別人眼中是更加聰明、幹練的吧？從生活在社會上的角度來說，這點無可厚非。

以自我為中心，而不是以他人為中心

如果太在意別人的評價……

逐漸喪失自我

　　可是，請停下來仔細地思考一下。自己的幸福可以由別人決定嗎？就算別人給予好評，如果自己無法接受，那還稱得上是幸福的狀態嗎？自己的幸福應該由自己決定，不是嗎？要是太在意旁人的眼光，對自己真正的心情視而不見，幸福只會從你手中不斷地流逝。重點在於貫徹你自己的意見，不要在乎旁人的眼光，堅持做自己。只要記住這一點，在回答「魔法的提問」時也要把自己怎麼想放在最前面，而不是他人的想法。

只要堅持自己的意見……

自己的心情才是最重要的

不要在乎旁人的眼光，堅持做自己

這才是真正的自己！

信念

覺悟

自信

感到自我滿足

魔法的提問　你想要貫徹什麼樣的事情呢？

撤開主觀，
根據事實來思考

人是很容易被 主觀 囚禁的生物，一旦看到隱藏於背後的事實，
就很容易找到自己的優勢或想做的事。

為了找出自己的優勢或想做的事，前面說明了在回答「魔法的提問」時，個人的想法非常重要。可是如果帶著偏頗的主觀成見，有時候得到的答案就會偏離事實。假設你出現了「不想上班」的念頭，而這個「不想去上班」的意念裡包含了「自己是個沒用的人」這種自卑感的主觀濾鏡，腦海中就會浮現「自己是否不適合這個社會」的負面疑問，這樣只會找到責怪自己的答案。

主觀看法可能會帶來不良影響

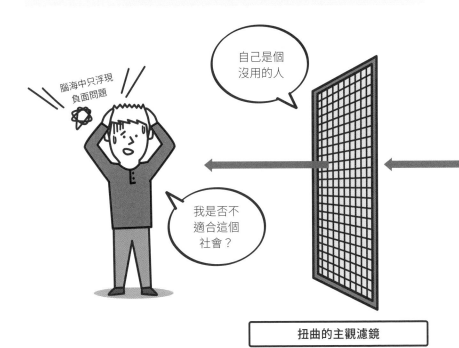

應該要把焦點放在主觀背後的「本質」。如果有「不想上班」的情緒，請把目光放在本質的部分「那還有什麼其他想做的事嗎？」只要把焦點放在釐清自己的心情，問自己，那麼「辭掉工作想做什麼？」就行了。先別管「不想上班」是好是壞，拋開僵化的主觀意識，讓心情恢復平靜的思考將有助於發現自己真正的內在。請不要把自己困在「非這麼做不可」、「應該那樣」的主觀意識，好好珍惜自由的心。

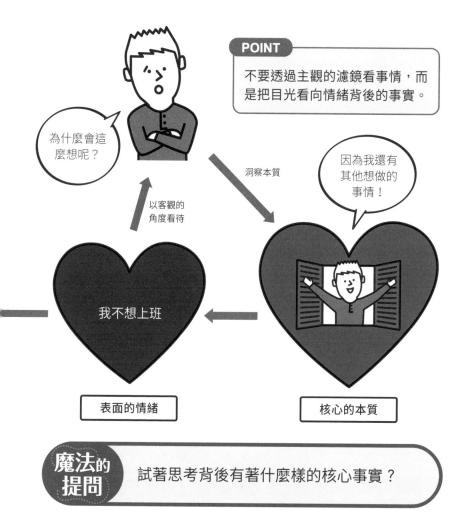

POINT

不要透過主觀的濾鏡看事情，而是把目光看向情緒背後的事實。

為什麼會這麼想呢？

洞察本質

因為我還有其他想做的事情！

以客觀的角度看待

我不想上班

表面的情緒

核心的本質

魔法的提問　試著思考背後有著什麼樣的核心事實？

08

以「或許吧」
來保有思考的彈性

大多數人都傾向於為思考設置「框架」來限縮自己的可能性。可是我認為唯有讓思考更有彈性，才能找到自己真正的優勢或想做的事。

　　我們大部分的情況下都活在由規範所形成的「框架」裡。這是活在法律及倫理等社會中不可或缺的一環，但同時通常也是封鎖「可能性」的枷鎖。像是「非這麼做不可」、「這樣才正常」、「不能那樣」的制約。這些制約含有許多一時興起或鑽牛角尖的要素，所以無法做出正確的預測，甚至與事實不符的案例也不少。這些「框架」會妨礙自己去做真正想做的事。

只要拿掉「框架」就能拓展可能性

・必須過上穩定的生活
・必須提升社會地位
・必須富有到足以自豪
・應該去有名的公司上班

這就是所謂的「框架」

咦？

啊～是這樣的嗎……

舉個典型的例子，像是逼不喜歡讀書的孩子硬要追求高學歷。一口認定「一定要學習」才是正途，讓孩子沒有別的選擇，失去發現自身優勢的機會。如果能從不同的觀點——「或許不需要學歷」來看這件事，就會大大地改變小孩的世界。同樣地，生活及工作也要以柔軟的思考去打破現有的價值觀或概念，這麼一來才有可能面對真正的自己，過上理想的人生。為此請將自己生活周遭的「框架」變成「或許～吧」。只要提醒自己隨時保持「或許～的思考」，人生就會有相當大的改變。

魔法的提問　你想要打破了哪些既定概念？

「自我」的根本在於個人特質

你是否能夠察覺到自己的內心有著什麼樣沒被喚起的特質？只要能正確地理解個人特質，就能對人生施加魔法。

　　所謂的個人特質也可以換成才華、能力、可能性等詞彙，而且這是所有人都一定具備的美妙魔法。大部分的人都沒有察覺到這些魔法，漫不經心地生活在社會或團體的常規裡，這樣真的非常遺憾。因為如果能意識到自己擁有什麼魔法，打開啟動魔法的開關，將不再感到迷惘或煩惱，也能在人生的道路上選擇最適合的路，每天過得滿足又充實。重點是了解**自己的魔法（個人特質）**一點也不難。

如何確認自己的特質？

36

那個方法就是先將人類分成「款待型」、「實現型」、「靈感型」等三大類。接著再把每個大類分成 4 種型態，共計 12 種型態（將從 150 頁開始詳細解說）。這麼一來就能知道自己屬於這 12 種類型的哪一種，如何善用自己的個人特質。這種分類方法的基礎是由「態度類型學」的創始者——長谷川博一先生花了五十年的歲月進行田野調查，加以系統化而來。是調查大約 18,000 人，共 900 家公司，研究總計 9 萬人以上的龐大數據之後得到的結果。目前在更多的樣本數、數據及支持者的協助下誕生了「魔法的開關」這個概念。

「款待型」族群

「實現型」族群

「靈感型」族群

重視人與人之間的關係

重點在於目標

直覺與感性才是一切

先分成 3 大類，
再繼續細分成 12 種類型
※ 詳情請見 Chapter 6

魔法的提問 你擁有哪些才能？

10 了解個人特質就能遇見真實的自己

任誰都會擁有前述 12 種類型的其中一種。只要理解自己的特質及對方的特質，就能與任何人都能相處得很好。

　　你想在事業上有所成就時，或許會認為模仿已經成功的人是最快的方法，可是在大部分的情況下都會落得失敗的下場。因為那些人之所以成功是因為實踐了適合自己的方法，善用自己的特質（魔法），個人特質與成功者不同的人就算實踐了相同的作法，成功的可能性也微乎其微。因此了解自己的特質很重要。話雖如此，大概還是有人會覺得要把人分成 12 種類型太牽強了。

了解自己的特質，是成功的第一步

好奇怪啊～我明明模仿了成功的 A 先生，為什麼還是行不通……

那是因為你的特質和他的特質不一樣的關係吧？

　　的確，100 個人就有 100 種特質，只是藉由分成 12 種類型，可以更容易分辨個人特質也是不爭的事實。而且分成 12 種類型不僅能了解自己的特質，對理解別人的特質也很有幫助。只要能了解自己的特質，同時也掌握對方的特質，就能超越與對方的 磁場 合不合這個境界，自由自在地維繫與對方的關係。

創造出和諧的關係	很會照顧別人、深受喜愛	生性自然鑽研本質	鴨子划水的實力者
開創新的道路	將浪漫化為現實	既是唯一也是第一	長袖善舞無所不能
勇於挑戰各種可能性	靠著默默的努力成為專業人士	直覺與靈光乍現	以堅定的決心完美地呈現

了解自己擁有的特質就能改變與對方的關係嗎？

每個人從生下來的那一刻就擁有 12 種特質中的其中一種

只要知己知彼，就能與任何人都合得來

魔法的提問　你有什麼不為人知的一面？

Chapter 2

用魔法般的問題
找出想做的事

大部分的人都無法找到自己「想做的事」，
只好持續展開尋找自我的旅程。
以下為各位介紹能結束這趟旅程的方法。

01 該怎麼定義想做的事？

尋找「想做的事」時，大部分的人都會陷入五個誤區。我想帶大家拆解這些迷思，思考該怎麼定義想做的事。

　　尋找「想做的事」時，很容易陷入的誤區之一是用「能不能持續一輩子」來做判斷。但誰也不曉得未來會發生什麼事，思考「現在最想做的事」，才會有意義。第二個誤區是「必須是對別人有貢獻的事」，為自己採取行動的過程中，自然而然就會對別人有幫助。第三個誤區是「總之應該先採取行動」，但如果沒有清楚的判斷標準，冒然採取行動也只會招致混亂。

尋找想做的事時容易犯的五個錯誤

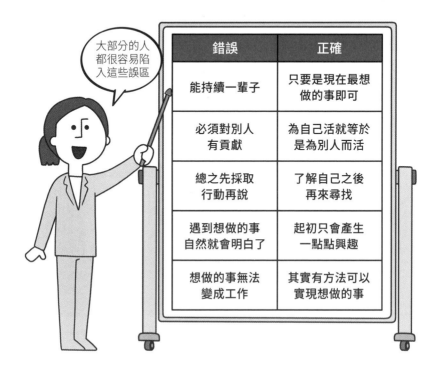

大部分的人都很容易陷入這些誤區

錯誤	正確
能持續一輩子	只要是現在最想做的事即可
必須對別人有貢獻	為自己活就等於是為別人而活
總之先採取行動再說	了解自己之後再來尋找
遇到想做的事自然就會明白了	起初只會產生一點點興趣
想做的事無法變成工作	其實有方法可以實現想做的事

　　第四個誤區是「遇到想做的事自然就會知道了」，很遺憾，世上並沒有這種命中註定的事。第五個誤區是「想做的事無法變成工作」，可是啊，社會上多的是把想做的事變成工作的方法。請依照那些方法，有條不紊地導出自己想做的事吧。尋找想做的事時有一點很重要，那就是「喜歡的事」與「拿手的事」這兩個要素，這兩個要素重疊的部分就是你想做的事。

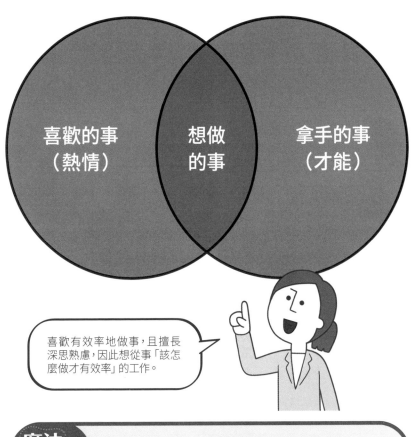

「喜歡的事」×「拿手的事」＝想做的事

喜歡的事
（熱情）

想做
的事

拿手的事
（才能）

喜歡有效率地做事，且擅長深思熟慮，因此想從事「該怎麼做才有效率」的工作。

魔法的提問　什麼時候是你感覺最幸福的時刻？

02 價值觀分成內側與外側

「喜歡的事」與「拿手的事」交集的部分就是想做的事，但這裡還有一個更重要的觀點，那就是「重要的事」。

明明已經做著喜歡的事，為什麼還會覺得不滿呢？那是因為對你而言「重要的事」沒有得到滿足。重要的事就是所謂的 **價值觀**。價值觀分成兩種，一種是針對自己的內在，另一種是針對他人或社會等外在環境，朝向內側的價值觀將決定人生的目的；朝向外側的價值觀則決定工作的目的。上述工作的目的極為重要，因為覺得自己對他人有貢獻將大大地左右到你的士氣，因此當務之急就是要找出工作的目的。

目的來自於「重要的事」

決定好工作的目的後，再從「拿手的事」中把「喜歡的事」變成想做的事。舉例來說，假設你「拿手的事」是「向別人發表想法」，「喜歡的事」是「讓生活變得更充實的發明」，那麼你想做的事就是「向別人發表讓生活變得更充實的發明情報」。最後再來思考發表的手段是「部落格」還是「YouTube」等等。許多人都會先思考手段，其實只要能實現目的，採取什麼手段根本不重要，也可以隨時臨機應變。

只要能達成目的，手段根本不重要

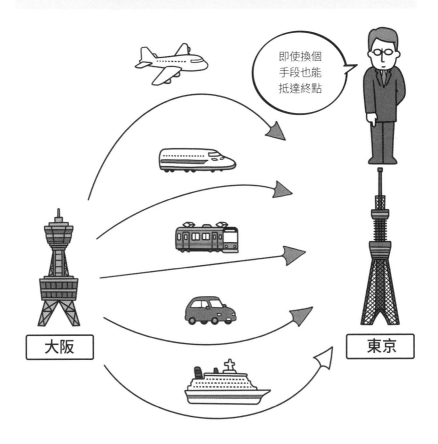

魔法的提問　你想做出什麼樣的貢獻？

03 目標與價值觀有什麼差別？

大部分的工作都是先決定好一定的目標才開始做，但目標和價值觀是兩回事，請務必確實理解兩者之間的差異。

　　目標與價值觀之間有著明確的差異。價值觀指引的是自己要持續前進的**人生方向**。另一方面，目標則是持續往人生的方向前進時，位於途中的檢查崗哨。因此如果工作時沒有意識到價值觀，無論達成多偉大的目標都不會幸福。此外，如果達成目標仍無法提升幹勁的話，可能是因為將目標設定在偏離價值觀的位置，必須把目標放在實現價值觀的途中才行。

目標與價值觀的差異

　　由此可見，擁有價值觀是人生中或工作上非常重要的一環，所以請千萬不要追求別人強加在你身上的價值觀。人會在不知不覺的情況下被父母或社會灌輸各式各樣的價值觀。你認為「應該～」的價值觀可能是別人強加在你身上的虛假價值觀，再怎麼朝著那個價值觀前進，最後也只會得到後悔。唯有打從心底覺得「想～」的價值觀才是你真正的價值觀。所以請擺脫「應該～」的價值觀吧。

虛假的價值觀與真正的價值觀

魔法的
提問　　什麼是理想的生活方式？

04 如何找出沉睡在心裡的價值觀

為了找到你的價值觀，必須將價值觀化為語言，排列先後順序。
為此將介紹五個步驟。

　　為了找出真正的價值觀，必須依循以下的步驟：① 回答問題，把價值觀說出口，列出關鍵字；② 將價值觀整理成心靈地圖；③ 將他人軸的價值觀轉換成自我軸；④ 建立價值觀的排行榜；⑤ 從價值觀裡決定工作的目的。如果無法回答第一個問題，請直接寫下對於看到問題時浮現在腦海中的字眼，這種「日記」和從問題開始對話，對於提高自我理解的「**提問對話法**」非常有幫助。

為了找到真正價值觀的 5 步驟

5 個問題

① 你尊敬的朋友及其他人喜歡的人物及其理由？
② 小時候發生過什麼事影響現在的自己最深？又是什麼影響？
③ 你認為現在的社會缺少什麼？
④ 看在周圍的人眼中，自己的價值觀及其具體例子為何？
⑤ 給自己的孩子或別人建議時，最想表達的行為與最不想表達的行為分別是？

❶ 回答問題，把價值觀說出口

心靈地圖

❷ 將價值觀整理成心靈地圖

　　第一個問題如下：① 你尊敬的朋友及其他人喜歡的人物及其理由？② 小時候發生過什麼事影響現在的自己最深？又是什麼影響？③ 你認為現在的社會缺少什麼？④ 看在周圍的人眼中，自己的價值觀及其具體例子為何？⑤ 給自己的孩子或別人建議時，最想表達的行為與最不想表達的行為分別是？藉由回答這些問題來蒐集足以表現自己價值觀的關鍵字，再加以分類。然後留下自己可以控制的價值觀，排好優先順序，就能找出真正的價值觀。

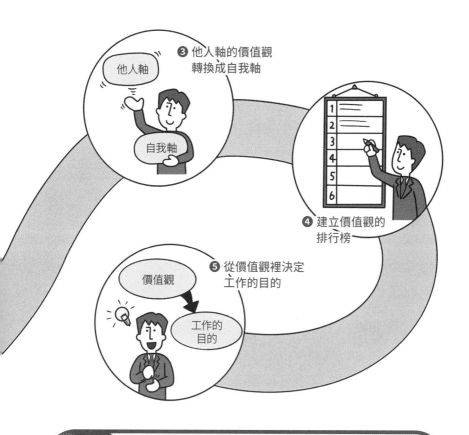

魔法的提問　什麼是你自己的價值觀？

05 | 什麼是你拿手的事？

決定好價值觀之後，就要進入下一步，找出想做的事。想做的事是由「拿手的事」與「喜歡的事」組合而成。

前面解說過，「喜歡的事」與「拿手的事」組合起來就是你想做的事，其中應該先找到「拿手的事」。因為「沒有自信能將喜歡的事變成工作」這種 **思考的剎車** 對於找出「喜歡的事」將造成很大的阻礙，而「拿手的事」能帶來自信，有助於克服上述的阻礙。大家很容易誤解，但「拿手的事」既不是程式設計或計算等直接與工作有關的能力，也不是音樂或運動等閃閃發光的能力。

沒有信心，會妨礙自己找到「喜歡的事」

　　下意識的習慣其實就是你「拿手的事」。舉例來說，像是「想到什麼就馬上採取行動」、「想做出逗別人發笑的舉動或說出這樣的話」、「對人類的觀察很敏銳」等等都可以是「拿手的事」。因為是在無意識的情況下採取的行為，自己很難發現。因此不妨仔細地回顧自己的行為，或是請教熟人自己的言行舉止有沒有什麼慣性。意識到你的頭腦和心理的慣性，有助於找到「拿手的事」。

下意識的習慣其實就是你「拿手的事」

平常都採取哪些行動呢……

拿手的事
觀察別人

魔法的提問　哪裡是可以讓你發光發熱的地方？

不是改善短處，而是發揮所長

有一些不擅長的事，儘管想努力克服，卻不知道該怎麼努力，
結果落得拚命否定自己的下場。不妨稍微轉換一下觀點。

　　即使已經很努力地想克服不擅長的事，努力卻不一定會有所回
報。經常可以聽到「吃盡苦頭、盡一切努力，卻無法克服不擅長的事
物」的案例。不僅如此，也會否定再怎麼努力也改變不了的自己。前
面說過，所謂「拿手的事」就跟習慣一樣，不擅長的事也與習慣無異。
習慣沒有好壞之分。也就是說，認為是**短處**的部分其實也是你很棒的
「拿手的事」。

為了克服短處，讓自己苦不堪言

　　相反地，消除短處等於是消除習慣，讓自己變成一個沒有個性、沒有「拿手的事」之人。請不要做「改變自己的努力」，而是做「讓自己發揮所長的努力」。你並不是沒有 **長處**，只是不知道如何發揮所長而已。將短處變成長處有一個很簡單的方法，那就是把「因為～」的短處換句話說，變成「正因為～」。打個比方，「因為不擅長與人交流」的短處可以置換成「正因為不擅長與人交流，才能獨自專心做某件事」。

將短處換成長處來說

因為不擅長
與人交流，所以
自己是個廢物

把「因為～」換成「～正因為」

正因為不擅長
與人交流，
才能一個人
專心地工作

魔法的提問　你有什麼不克服也沒關係的弱點嗎？

找出拿手之事的提問

或許各位會覺得很難找到「拿手的事」。但只要回答以下 4 個問題，就能輕鬆地找到。

為了找出「拿手的事」，要問自己 4 個問題：① 截至目前的人生得到過什麼 **充實的體驗？** ② 最近有什麼讓自己感到心浮氣躁的狀況嗎？③ 假如明天就要辭掉工作，還想再多做一點的部分是？④ 過去的人生做出過什麼成果及其方法為何？最後一個問題最重要，因為你拿手的事與你的情感息息相關，發揮所長的時候應該會得到充實的成就感與喜悅。

找到長處的 4 個問題

① 截至目前的人生得到過什麼充實的體驗？

② 最近有什麼讓自己感到心浮氣躁的事嗎？

③ 假如明天就要辭掉工作，還想再多做一點的部分是？

④ 過去的人生做出過什麼成果及其方法為何？

以上是用來找出長處的 4 個問題

　　瞬間想到的事多半是情緒衝擊十分強烈的經驗，因此長處一定就沉睡在這裡頭。再靠下一個問題的答案來彙整找到的長處，至少10個，可以的話最好能寫出 20 個。長處愈多，無論遇到什麼樣的狀況，都能善用自己「拿手的事」，採取行動。寫下所有的長處後，再給予 3 階段的評價。完成評價後，你的長處及擅長的程度就能一目瞭然。如果想做的事與分數較高的長處有關，肯定能讓你感到非常充實吧！

製作自己的使用說明書

魔法的
提問　　什麼是你不用努力也辦得到的事？

08

若想成功要以「喜歡」
而非「賺錢」為第一優先

「喜歡的事」指的究竟是什麼樣的事呢？以下重新賦予「喜歡的事」明確的定義。

　　本書說的「喜歡的事」是指讓人產生好奇心或興趣之領域的事。人對於自己喜歡的領域一定會追根究柢地把問題弄明白，想把不知道的事變成知道的狀態。舉例來說，喜歡程式設計的人如果有動不了的程式，大概會徹底地研究原因。能自然湧出這種情緒的領域就是你「喜歡的事」。只要把自然湧出興趣的事變成工作，就不用擔心沒有幹勁。

什麼是「喜歡的事」？

湧出好奇心或興趣的領域就是你「喜歡的事」

認為「自己工作是為了賺錢」的人應該不少吧。然而，即使從事的是薪水還不錯的工作，也經常會覺得內心不太平靜。另一方面，把「喜歡的事」變成工作的人比較不會有燃燒生命在工作的感覺。對於那些因為喜歡而工作的人來說，和為了金錢而工作的人是無法相提並論的，因為兩者工作的動力天差地別。人生並不是短跑，而是馬拉松。為了堅持工作而不會感到喘不過氣來，也必須找到能讓自己 **專注** 地沉浸其中的東西。

人生是一場馬拉松

為錢工作的人

因為喜歡才工作的人

魔法的提問　什麼是你寧願付錢也想做的事？

「把喜歡的事變成工作」時要把重點放在「快樂」上

前面說過樂在工作的人天下無敵。但是「把喜歡的事變成工作」的論點其實毀譽參半。

　　「把喜歡的事變成工作」其實要很小心。因為在選擇工作的時候從「喜歡的事」這個領域裡找工作來做，卻沒有仔細思考那份工作實際在做什麼，幾乎都會以失敗收場。舉例來說，如果因為熱愛閱讀，從事編輯等與書籍有關的工作會怎麼樣呢？心靈說不定會感覺空虛。之所以這麼說，是因為再怎麼喜歡看書，也可能不喜歡文書處理或思考企畫案之類的工作。

「把喜歡的事變成工作」的陷阱

重點在於要把焦點放在「自己在那個領域做什麼事時感到「**快樂**」，如此一來可能會發現當國文老師也是一個選項。所以請專注於感到快樂的時刻，「勇於嘗試自己想做的事」，這個念頭比什麼都重要。另外，找到喜歡的事時，提醒自己不要把重點放在「因為有幫助才喜歡」，而是擁有「因為有興趣才喜歡」的主軸，找到快樂工作的可能性將一口氣大為提升。

思考自己喜歡什麼事時，請把重點放在「因為有興趣」而不是「因為有幫助」上

我喜歡閱讀的哪個部分呢……？

著眼於感到快樂的瞬間，勇於嘗試想做的事至關重要

從沒考慮過當國文老師的可能性，沒想到能遇見這麼有意義的工作！

魔法的提問　　你喜歡的事具有哪些變化？

10 找出喜歡之事的提問

以下的 5 個問題在尋找「喜歡的事」時非常有幫助。在回答這些問題的過程中,腦海中會自然地浮現出「喜歡的事」。

第 1 個問題是「現在就算付錢也想 **學習** 的事?」想學習的事是有興趣的證明,從事那個領域的工作大概跟自動自發的「玩遊戲」差不多吧。第 2 個問題是「沉睡在你書架上的書是哪種類型的書?」你的興趣就沉睡在與工作無關、就只是有興趣的類型裡。第 3 個問題是「遇到哪個類型的書會讓你感覺得到救贖?」感覺得到救贖的情緒其實是非常大的能量,表示你對那個類型一定有興趣。

5 個問題幫助你找到「喜歡的事」

❶ 現在就算付錢也想學習的事?

❷ 躺在你書架上的書是哪種類型書?

　　第 4 個問題是「什麼是會讓你想道謝的工作？」對於獲得的感激之情超過所付報酬的工作，一定會成為你感興趣的工作。第 5 個問題是「什麼是你對這個社會感到憤怒的事？」憤怒是對現狀的不滿。因為覺得「想讓這個社會變得更好」才會生氣。如果是為了改善這一點，或許就能發揮更強大的動力。回答完以上 5 個問題之後，你應該就能找到「喜歡的事」了。

❺
什麼是你對這個社會
感到憤怒的事？

❹
什麼是會讓你想道謝
的工作？

鞠躬作揖

❸
遇到哪個類型的書讓
你感覺得到救贖？

魔法的
提問　　什麼是因為興趣使然而去做的事？

用 PDCA 來讓想做的事更接近理想

看到這裡，你應該已經找到自己真正「拿手的事」和「喜歡的事」了，所以不妨再重新思考一下想做的事。

　　找到想做的事時，希望各位都能記住一件事，那就是找到「想做的事」只不過是一種 **假說** 。「拿手的事」和「喜歡的事」碰在一起很少一下子就能成功，必定要經過失誤的過程。實際做了之後，如果感覺不太對勁，只要停下來修正軌道即可。基於假說採取行動，反覆給予評價及進行改善的 PDCA 循環能讓你更接近「真正想做的事」。

利用 PDCA 循環來接近「真正想做的事」

　　既然如此，先來建立「想做的事」的假說吧。將截至目前找到的「拿手的事」與「喜歡的事」自由地排列組合，創造出「想做的事」。請務必重「量」勝過於重「質」，把所有可能會感興趣的事都寫下來。決定好「想做的事」後，再過濾「想做的事」的內容，找出「真正想做的事」。判斷標準為「重要的事」。當「想做的事」符合你工作的目的，就成了「真正想做的事」的一個假說。

為了找出「真正想做的事」2 步驟

將「喜歡的事」與「拿手的事」
排列組合，創造出「想做的事」

繼續加入「重要的事」
來鎖定「真正想做的事」

魔法的 提問　為了實現夢想該怎麼做？

12 利用彩色浴效應來
蒐集實踐手法！

決定好想做的事以後，各式各樣過去從未注意到的訊息將開始吸引你的注意力。

　　現在不曉得該怎麼做的人請先決定好想做的事。決定好想做的事以後，就會自然而然地開始蒐集為了實現想做的事所需要的資料，這與稱之為「**彩色浴效應**」的心理現象有關。舉例來說，如下圖所示，問心不在焉地眺望街道的人：「請找出特定顏色的物品。」原本從未留意到那個顏色的物品會一下子進入到意識裡，這就是所謂的彩色浴效應。

聽過彩色浴效應嗎？

　　彩色浴效應對顏色以外的事物也很有效。打個比方，「我想當企管顧問！該怎麼做才好呢？」假如你決定了想做的事，所有過往幾乎被遮蔽住的視野將被打開，你想成為顧問所必要的資訊將開始進入到你的意識裡。因為不曉得該怎麼做而為此感到不知所措的人，請先參考截至目前學習到的內容，決定好「想做的事」。

決定好想做的事，尋找實現「想做的事」所需要的資訊！

對了，那個資訊很有用喔！

尚未決定想做的事時，就算周圍有各式各樣的資訊，也不會放在心上或注意到

然而一旦決定了想做的事，為了實現想做的事所需要的資訊就會不斷地闖入你的意識裡

魔法的提問　會接收到哪些訊息呢？

13 你的風格就藏在 失敗與後悔中！

自己的優勢、自我風格到底是什麼呢？為此感到煩惱的人最好 將消極的部分變得積極。

聽到自我了解，大部分的人很容易陷入自己內心的「優點」與「強項」究竟是什麼的迷思。可是光看這些積極的部分也無法加深對自己的了解，反而是著眼於自己消極的部分，例如自己過去犯的錯及對此的後悔等等，更容易找到自己的優點或強項。要是有什麼不擅長的事，請刻意凝視那件事。與其相反的東西或許就是你擅長的事也說不定。

失敗、後悔和弱點都能變成優勢！

我實在不適合獨立作業。又要趕不上截止日期了……

跑業務的壓力實在太大了。我原本就不擅長與人交談，老是失敗……

我想做的其實是能與他人打交道的工作！

我發現這份能一個人默默作業的工作更適合我！

好不容易找到自己真正想做的事，很多人都習慣盯著積極的部分看，但是把目光放在消極的事情上也是一個方法。凝視失敗、後悔、弱點、過去負面的經驗等等，就能從中得到某些教訓。

你過去犯的錯不單單只是失敗，而是促使你察覺到「自我風格」的契機也說不定。這輩子所有經歷過的體驗或許都會間接地告訴你，什麼是你的風格、你的優勢。過去的失敗及後悔中或許都藏著 **教訓**。只要能從負面的事物中找到積極的那一面，你一定能更了解自己。

負面思考變換成正面思考的過程中 將加深對自己的理解

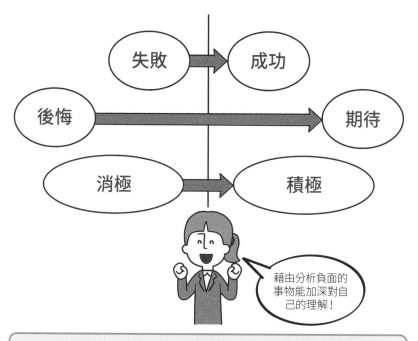

藉由分析負面的事物能加深對自己的理解！

只要能徹底地凝視自己的失敗，並加以分析，就能找到通往成功的方向；只要能凝視後悔的事並加以分析，就知道該怎麼做才不會後悔，對未來產生期待。由此可見，藉由直視負面的要素，就能從中得到某些教訓，變換成正面的思考。

魔法的提問　你想嘗試什麼樣的失敗？

讓人生更充實的原理．原則①
緣分法則

　　如果想讓人生變得更充實，最重要的莫過於「人脈」。而最明顯的例子無非是商場。顧客、融資方、合夥人等，所有人與人的相處都會產生數值，變成業績。那麼，大部分的人都是以什麼樣的作法建立人脈呢？

　　幾乎所有的業務員都被教導交換名片是建立人脈的絕對條件，認為收集到的名片數量與人脈的多寡成正比。這點並沒有錯，但光靠名片建立的表面關係幾乎都只有一次交易的機會，最多也只有幾次交易而已。

　　為了改善這種狀況，最有效的方法當屬「緣分法則」。緣分法則是以「緣分在深不在廣」的想法為基準。

　　具體的作法是過濾所有現在與自己有關的業務。聽說根據這個有名的法則，8成的營業收入都來自於只占全體 2 成的 VIP 顧客，而那 2 成都是靠緣分得到的客戶。

　　至於顧客這邊，則是要重點式地接觸最近一年來對營業額有貢獻的使用者，將其列入優良顧客的備選名單。利用 DM 或登門拜訪來提高顧客的安心感，藉此獲取顧

客的信任，就能讓對方繼續只購買本公司販賣的商品，好增加忠實顧客，還可望經由該顧客的口碑行銷來吸引到新的客層。

只要能在這個階段不斷地滿足能讓對方滿意的企畫案，那位顧客總有一天會介紹自己的人脈給你，取得新的人脈信賴與購買的實績。如此一來，那個人大概又會再介紹新的人脈給你。如此這般，仔細地過濾對象，光靠集中地加深關係，就能拓展人脈。

和光靠名片拓展而來的人脈比起來，上述作法得到的是「活生生的人脈」，亦即「可用的人脈」。建立在信賴及信任關係上的人脈絕不會僅止於一兩次的交易，而是會一而再、再而三地提升自己的業績。因此重點在於詢問對方：「我該怎麼幫助你？」「我們能一起做些什麼？」等問題。

另外，緣分法則並非只是向外拓展而已。各位身邊一定也有支持你的「關鍵人物」，只是現在還不曉得那個人在何方。為了找到那個人，也要問自己：「現在發生的好事是什麼時候發生的？」「這件好事是因為與誰結緣才發生？」試著用這些問題來分析自己。這麼一來就能想到以某種方式幫助自己的人，例如自己的心靈支柱或願意給自己忠告的人、願意介紹人脈給自己的人等等。關鍵人物也是非常重要的有緣人，因此請努力與對方維持更緊密的關係。

Chapter 3

用魔法般的問題
找出你的優勢

事實上，90% 以上的人都不曉得自己的「優勢」。
以下為各位介紹如何找到個人優勢，
成為前 10% 的人。

01

找不到自己的優勢是因為
站在「自己的角度」上尋找

倘若認為自己的長處就是自己的優勢，通常很難找到。所以別
這麼想，不妨以「能為對方做些什麼」為軸心來思考。

　　聽到只有自己才有的「優勢」這句話，幾乎所有人都認為那是在
強調個人的「長處」，往自己的內心探索，稱之為**「自己的角度」**。
可是啊，從自己的角度出發，很難找到在工作上的優勢。「對方的角
度」則是與自己的角度相反的概念。至於什麼是對方的角度，答案是
「自己能否回應對方的要求」。請記住，站在自己的角度找到的優勢
其實只是個人的一廂情願。

自己的角度與對方的角度哪個比較重要？

對方的需求顯然
重要多了！

試圖找出自己的優勢時，大部分的人都會站在「自己的角
度」，流於思考自己有什麼優勢？自己能做些什麼？實際
上，你必須滿足對方的需求，才能做出成果，因此站在「對
方的角度」來思考，才有助於找出自己的優勢。

　　這是因為即使聚焦於自己擁有的長處，你的長處也不見得能幫助到你周圍的人。人類是無法離群索居的動物，所以如果對別人沒有幫助，那個長處就稱不上優勢。另一方面，即使你自己不認為是優勢的部分，只要能滿足對方的需求，那就是你如假包換的優勢。所以請問自己：「我能為對方做些什麼？」

尋找自己的優勢該怎麼做？

> 尋找自己的優勢時，若是焦點都集中在自己身上，通常無法找到任何優勢。這是因為優勢取決於自己能為對方做些什麼、能帶給周圍的人什麼。

魔法的提問　周圍的人對你有什麼要求？

02 你是專注領域的領袖型？還是全方位發展的副手型？

「領袖型」的優勢較為絕對，很難因應環境而變化；而「副手型」的優勢則較為相對，可以適應環境的變化。

優勢分成「領袖型」與「副手型」兩種。領袖型的優勢是在某個領域具有豐富的專業知識及高明的技術，也就是所謂職人般的優勢。而副手型並不具備領袖型那種集中於某一領域的專業知識或技術，而是平均發展，在大部分的領域表現得並不亮眼，但是很願意為了周圍的人或環境配合他們的需求。

優勢分成領袖型和副手型兩種

優勢可以大致分為兩種，一種是具有高度專業性及熟練度的「領袖型」，另一種是雖然不具備高度的專業性或熟練度，卻能幫許多人解決困擾的「副手型」。這兩種類型各自具有不同的特徵。

　　也就是說，領袖型的優勢會隨著環境產生變化。從今往後的時代，也許光靠領袖型的優勢很難生存。如果領袖型的優勢不能一直往上爬，站在頂點或相當於頂點的位置就會失去意義。相反地，副手型的優勢會因應環境變化而跟著改變，因此在環境變化一日千里的現代，可以說是不可或缺的存在。

拿手的事或不拿手的事會隨「環境」而異

優勢有保存期限

以前視若珍寶的技術也會隨著時代變化而喪失 價值 。不過，只要能幫助到其他人，就能得到永續的價值。

　　優勢會隨著時代的推移而產生變化，更準確地說，隨著科技的進步而有所變化。舉例來說，以前會開車的人很少，所以司機備受重視。同樣的道理，現在大家深受重視的技能，也可能會隨著時代的變化而喪失價值。尤其是即使具備領袖型特質，但無法跟上時代的變化，優勢也可能會跟著消失。

優勢要與時俱進

> 優勢不只會隨著環境，也會隨著時代的推移變化。換句話說，技術是相對的東西，沒有人能保證這項技術能永遠適用於任何環境，更別說技術還有「保存期限」了。

　　不過，無論時代再怎麼推移，擁有副手型優勢的人都能生存下去。這是因為他們的主軸是「滿足對方的需求、解決對方的問題」，因此能順應時代的變化。所以請從你能做的事情中，問問自己有沒有什麼是能讓其他人高興的事，哪怕只能取悅到一個人也好。說不定這才是你的優勢，而且還不會有保存期限。

副手型擁有滿足他人的優勢

能順應職場的變化　　　　　　　能滿足他人的需求

能順應職務的變化　　　　　　　能解決千奇百怪的問題

副手型的人多半是既「平凡」又「普通」的人，沒有特別厲害的地方，而且大多時候都在察言觀色、留意周圍的氛圍。但是這種人反而能順應環境、時代、職務等變化，滿足其他人的需求，因此有朝一日很可能會變成各種場合都需要的人才。

魔法的提問　　什麼是你能做的事，而且是至少會有一個人因此而感到高興的事？

真正的優勢可以反覆創造

真正的優勢 指的是你能為誰做出貢獻。以下將帶大家找出真正的優勢。

　　傳統的「優勢」是指自己比別人擅長的部分，但這種領袖型的優勢可能會跟不上未來時代的變化。如果能將自己的優勢定位在能對除了自己以外的其他人，甚至是整個社會做出最大的貢獻，如此一來，不管時代如何變遷，你都能得以生存，這才是真正的優勢。話雖如此，該怎麼找出真正的優勢呢？

滿足真正優勢的 3 大條件

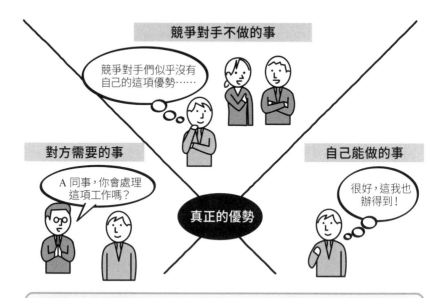

真正的優勢一定要符合上面介紹的 3 個條件：競爭對手不做、自己能做、別人需要的事。

　　真正的優勢必須滿足以下 3 個條件，分別是①對方需要的事、②競爭對手做不到或不做的事、③自己能做的事。請記住以上這 3 個條件，再依照這一章介紹的「找出真正優勢的 5 步驟」來執行。即使看不清自己真正的優勢，只要依循上述的步驟，一定能找到個人的真正優勢，而且還能不斷地創造真正的優勢。

找出真正優勢的 5 步驟

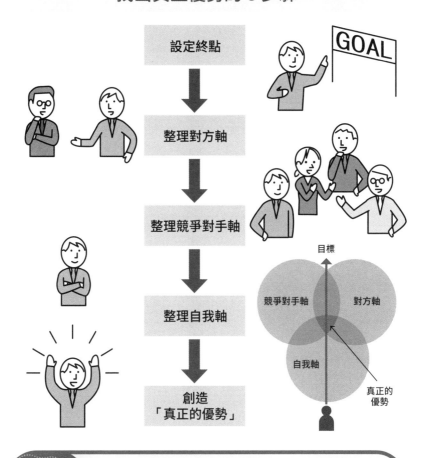

設定終點

↓

整理對方軸

↓

整理競爭對手軸

↓

整理自我軸

↓

創造
「真正的優勢」

目標

競爭對手軸　對方軸

自我軸

真正的優勢

魔法的提問　你的指南針前端有什麼？

寫下你的煩惱，從中找到理想的終點

找出真正優勢的 5 步驟中，第 1 個步驟是「設定 終點 」。不妨凝視自己的煩惱，想像煩惱消失後的樣子。

為了找出真正優勢的 5 步驟中，第 1 個步驟是「設定終點」。為什麼一開始就要決定終點呢？這是因為明確的終點能改變你的意識。亦即你能以什麼方式、對誰、提供對方需要而且永續的價值。決定好終點後，就能陸續看清楚很多東西，而且還會對目標更具意識，化為動力。

為了決定目標，要先寫下「煩惱」與「理想」

寫下工作上的煩惱

試著寫下所有想消除的煩惱，就算是工作以外的煩惱也沒關係。也可以分成人際關係、金錢、時間、士氣等類型來寫。

寫下你理想中的狀態

寫出理想的狀態後，再從中挑出 3 個你特別想實現、對其充滿期待的狀態。

設定終點時，希望各位寫下工作上的「煩惱」，只要能消除那些煩惱，就能掌握什麼是「理想的狀態」。只要能扭轉所謂的煩惱，你就會進入理想的狀態，前往你應該抵達的終點，所以不擅長設定終點的人請先聚焦於自己的煩惱，寫下想扭轉那些煩惱的想法。

話雖如此，應該有很多人遲遲無法釐清什麼是自己想要到達的終點，這時不妨先寫出令自己煩惱的事，再試著寫下消除那些煩惱的狀態。消除煩惱的狀態才是你應該前往的終點。因此不管是哪個領域的終點都無所謂，請堅持找出能讓自己打從心底覺得「就是這個！我想朝這個方向前進！」的終點。

試著以「期間」來設定終點

3 個月後	6 個月後	1 年後
延遲交貨 5 天	延遲交貨 1 天	延遲交貨 0 天

小組成員太不合作了，根本不肯跟我商量有什麼煩惱……

好不容易出現願意讓我知道他在想什麼的部下了。正一點一滴地建立起信賴關係

終於不再延遲交貨了，團隊精神也終於成形了！

將「期間」的概念套用在終點上，可以讓終點的形象更加鮮明。再設定每個期間的終點，就能明確地看見你真正想抵達的終點和抵達終點前必須經過的各個重點。設定終點時，請像這樣設定每個期間的終點。

魔法的提問 你想實現哪些理想？

06 設定「結果目標」是設定終點時的要素

目標分成「行動目標」與「結果目標」2 大類。設定終點時，一定要先決定結果目標。

　　設定終點時有幾個訣竅。目標其實是終點的另一種說法，各位知道目標有 2 種嗎？亦即「行動目標」與「結果目標」。你設定的目標是行動目標，還是結果目標呢？請先搞清楚這一點。設定終點時應該要設定的是結果目標。舉例來說，如果為了「成為企管顧問」必須「去上企業管理課」，那麼前者是結果目標，後者是行動目標。

不只行動目標，還要設定結果目標

何謂行動目標？	何謂結果目標？

> 這次的週末去海釣吧！

> 幾點前要釣到幾隻魚！

目標分成「行動目標」和「結果目標」。簡單來說，行動目標是指「做什麼」，結果目標則是基於該行動的結果，以「想達成什麼」為目標。兩者密切相關，但是只有行動目標的話無法設定終點。請盡可能具體地設定結果目標。

另一方面，設定的結果目標必須是要靠著你以外的其他人才能實現，或是需要和他人合作，如果不是如此，就很容易變成單純的自我完成目標，例如「通過二級會計檢定」。此外，在設定目標時，還應考慮到「成就導向型」和「發展導向型」兩種類型的人。重要的是，無論是哪種類型，設定目標就可以明確地指引前進的道路。

「成就達成型」VS「發開導向型」

何謂成就導向型？	何謂發展導向型？

成就達成型是指將終點設定在比較遠的地方，思考為了抵達終點該怎麼做才好，擬訂詳盡的計畫，再分成細緻的過程等等，朝目標前進。另一方面，發展導向型則是先不決定明確的終點，而是根據自己心中「快樂」或「幸福」的情緒不顧一切地前進，享受過程的人。後者也會隨時變更自己的終點。

魔法的提問　行動與結果哪個比較重要？

藉由整理對方軸找到你該走的路

找出真正優勢的 5 步驟中，第 2 個步驟是「整理對方軸」。思考為了靠近終點該幫助誰、提供價值給誰。

　　找出真正優勢的 5 步驟中，第 2 個步驟是「整理對方軸」。簡單地說，所謂對方軸是你想改變誰，幫助誰、滿足誰的需求、解決誰的困難，一定要搞清楚這一點才行。首先請列出對方軸的候補人選，是誰都無所謂，這時的重點在於那個人與自己的終點間的關聯性。

試著寫出對方軸的候補人選

> 協助誰能讓自己更靠近終點呢？

A 課長　　B 課長　　C 股長

客戶們

> 對方軸是指以誰為軸心，站在對方的角度來想事情。一旦決定好對方軸，其實能看到非常多東西。前進的道路將隨著幫助誰、滿足誰的需求、解決誰的困難而異。好好地思考為了抵達你的終點應該協助誰，並整理出名單。

解決了別人的問題，你就能更靠近自己的終點嗎？整理對方軸的時候千萬要意識到這個重點。另外，改變對方軸也會對其他軸造成影響。為了往你真正想抵達的終點前進，請仔細地思考自己應該幫助誰才好。如果有好幾個對方軸的候選名單，請鎖定最終的一個「誰」。也可以將對方軸設定為像「公司」這樣的組織。

對方軸一旦改變，其他軸也會受到影響

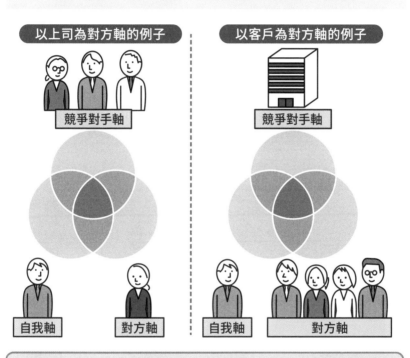

以上司為對方軸的例子

競爭對手軸

自我軸　　對方軸

以客戶為對方軸的例子

競爭對手軸

自我軸　　對方軸

> 改變對方軸也會對其他軸帶來影響。如上圖所示，假如以上司為對方軸，那麼你的競爭對手將會是同一家公司的同事或前輩，又或者是後輩們。另一方面，假如將對方軸設定為客戶，那麼競爭對手軸就會變成其他公司。由此可見，光是改變對方軸，你應該前進的路線、超越的對手就會跟著改變。

魔法的提問　　你想協助誰？

決定好對方軸以後，再把煩惱分成 4 類

對方的煩惱、困擾不外乎那幾種，以下將煩惱分成 4 大類。

前一個小節為各位整理了對方軸的概念，接著要來釐清該解決對方什麼樣的困擾。困擾可以用直軸和橫軸分成是「**潛在的**」還是「**顯在的**」，以及是「**功能的**」或「**心理的**」4 大類。潛在的需求是連對方本人都沒有意識到的困擾，顯在的需求則是指對方已經留意到困擾。

用以下 4 個要素來為對方軸的困擾分類

人的困擾其實琳琅滿目。上面舉的 4 個要素分別是「潛在的需求」、「顯在的需求」、「功能的需求」、「心理的需求」。如上圖所示，功能的需求與心理的需求、潛在的需求與顯在的需求分別落在對向的位置。請思考你的對方軸上的人，他的困擾相當於這 4 個要素的哪個要素。

　　再者，功能的需求是指從客觀的角度來看，可以量化的困擾，簡單來說，就是與「數值」或「技能」等有關的困擾。舉個例子，像是「幾月幾日前要達成業績」就是很具體的困擾。另一方面，心理的需求則是無法量化的困擾，指的是「精神上的煩惱」。倘若對什麼感到隱隱約約的不安，就符合精神上的需求。不妨先用這 4 大要素來將對方的困擾分門別類。

如何將對方的困擾導向理想的狀態？

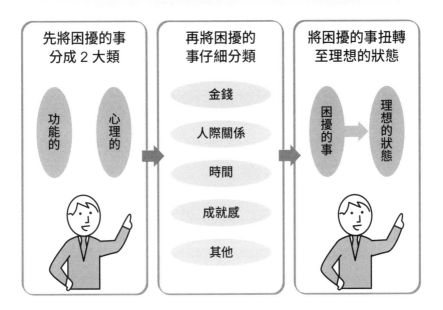

先將困擾的事分成 2 大類

功能的　心理的

再將困擾的事仔細分類

金錢

人際關係

時間

成就感

其他

將困擾的事扭轉至理想的狀態

困擾的事　→　理想的狀態

解決對方軸上的人或公司的煩惱，是你抵達終點的過程中必不可少的里程碑。因此請遵循以下的步驟，分析對方的困擾，找出解決方案。首先，把困擾分成是「功能的需求」還是「心理的需求」。然後再仔細地分門別類，盡可能讓困擾更具體。
當明確解決問題時，想像一下會達到怎樣的狀態，這就會是「理想狀態」。一旦理想狀態確定，你將更清楚自己該做些什麼。

魔法的提問　什麼是那個人（公司）就算付錢也想解決的問題？

用邏輯樹來發掘對方潛在的困擾

只要能利用 邏輯樹 來找出潛在的困擾，你就能提供更大的價值。

前面說明了困擾分成 4 種，其中又以「潛在的」困擾特別重要。因為顯在的困擾基本上是所有人都能意識到的困擾，像是「薪水太少」或「加班工時太長」等，都能很明顯地感受到。然而潛在的困擾通常是藏在那個人內心深處的想法或煩惱，所以難以被人發現。

找出潛在的「困擾」！

困擾分成兩種，一種是自己心裡很清楚、肉眼也看得見的「顯在的」困擾，另一種是藏在顯在的困擾背後的「潛在困擾」。誰都能看見顯在困擾，但對方真正需要、真正感謝的其實是能找出潛在困擾、並且加以解決的人。在思考對方軸的時候不妨將重點擺在如何找出潛在的困擾。

因此，要是能找出對方潛在的困擾，並加以改善，你的存在價值將一口氣大幅提升。為了找出潛在的困擾，「邏輯樹」是很好用的工具。如下圖所示，先準備好幾條對方軸，對其現狀提出「為什麼？」的疑問，藉此找出潛在的困擾。只要能找到潛在的困擾，再加以改善，就能往實現目標跨出重大的一步。

利用邏輯樹來分析困擾的事！

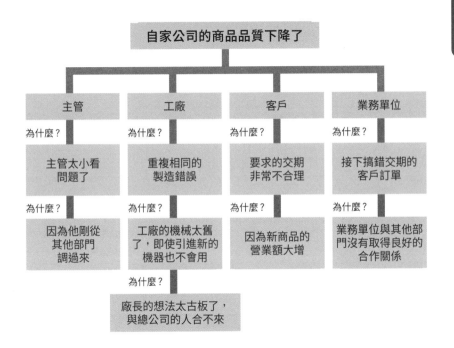

邏輯樹有助於找出對方潛在的困擾。將問題分散在好幾個不同的領域，詢問顯在的煩惱「為什麼？」並加以深究原因，這麼一來就能更清楚地理解困擾的事及其背後的主因。分析到某種程度後，再列出困擾的「核心」。

魔法的 提問 對方的內心深處藏著什麼樣的心情？

用 2 種調查方式來鎖定對方的困擾

只要比對方更擔心他自己,肯定能清楚地看見對方的困擾。

　　為了找出對方的困擾,一定要進行調查。但是在調查之前還有一個更重要的想法,那就是「比對方更擔心他自己」。唯有設身處地地站在對方的立場,才能發現對方有什麼困擾、在煩惱什麼。站在對方的立場,為對方著想,把自己當成對方,比對方更擔心他自己,這麼一來,對方的困擾就會愈來愈清晰。

調查對方時的基本思維

比對方更擔心他自己

B 先生最近工作太忙了,幾乎都沒有時間回家。為什麼會變得那麼忙碌呢⋯⋯

擔心對方,比對方更認真地思考他煩惱的事,就能更了解對方的狀況。

過去	現在	未來
那個人為什麼會變成這樣呢?	那個人現在有什麼問題?	那個人接下來想處於什麼狀態?

調查對方時的基本思維是「比對方更擔心他自己」的態度。貼近對方煩惱的事、想解決的問題,當成自己的問題來思考,這麼一來,就能愈來愈清楚地看見對方想追求什麼。另外,不妨從過去、現在、未來的 3 條時間軸來思考對方的心情。

調查對方困擾的事時，一定要把 **直接調查** 、 **間接調查** 分開來使用。間接調查具有好操作的優點，只可惜訊息的正確性不太高。而直接調查雖然具有難以操作的缺點，但是可以提高訊息的正確性。不妨鼓起勇氣，勇於挑戰直接調查。一旦找出對方困擾的事，就能深入研究「問題出在哪裡」，大幅提升困擾的解析度。

間接調查與直接調查

調查分成直接調查與間接調查。間接調查不是直接詢問對方，而是向那個人身邊的親朋好友或同事們打聽他的消息。這種作法相對之下比較容易，但是可以得到的資訊量比較少，也不那麼精確。直接調查則是直接找對方聊天或利用私下見面的機會探聽對方的情報，但這種調查難就難在必須不著痕跡地從對方口中問出你需要的資訊。

魔法的提問 你蒐集了哪些資訊？

分析對手們的優勢與弱點並加以評分

解決困擾的時候，不妨從比自己擅長或不擅長的角度來為競爭對手打分數，藉此找出自己的優勢。

　　找出真正優勢的 5 步驟中，第 3 個步驟是「整理競爭對手軸」。所謂的競爭對手軸是指你為了抵達終點，各種可能會成為你的競爭對手、在你達成目標的過程中造成阻礙的人或組織。整理競爭對手軸的意思是指先列出競爭對手的名單，分析他們的**優勢與弱點**。對競爭對手擅長的領域、不擅長的領域給予評價，利用這些評價找出自己的優勢。

分析競爭對手軸的對象

嗯嗯，原來如此……來整理他們的優勢和弱點吧

溝通能力很強，但是對 IT 一無所知

工作效率不佳，但是能與其他單位的人合作無間

具有領導風範，但是有點獨裁的性格

能力十分平均，但是多半扮演著人與人之間的橋樑

把競爭對手軸的對象列成清單，整理出他們的優勢與弱點。可以的話再依照能力或者是困擾的類型檢查自己與競爭對手誰的「工作能力較強」或「較差」，又或者是「差不多」。如此一來，就能清楚地看見競爭對手的優勢與弱點，也看見你應該展開攻勢的重點。

列出競爭對手的名單時，請先具體地標註你想解決對方軸的困擾以及解決方案，用「分數」評價競爭對手們對此能做些什麼、擅長些什麼、不擅長什麼。如果「競爭對手好像比較擅長」就畫個○的記號，算 2 分；如果「跟自己差不多」就畫個△的記號，算 1 分；如果「可能自己比較擅長」就畫個 X 的記號，算 0 分。加計分數，就能讓競爭對手軸更加具體化。

請鎖定競爭對手較弱的重點

列出競爭對手軸上的人選，根據問題的種類進行比較，明確了解自己和競爭對手的優勢和劣勢。然後，專注於攻擊「對方有需求、但競爭對手較弱，而自己卻較強大的部分」。

魔法的提問 你想為別人做什麼？

從對方的角度
為自己打分數

整理自我軸時,不妨比較、評價競爭對手們的優勢、弱點與自
己的優勢、弱點,讓自我軸清楚地浮現出來。

找出真正優勢的 5 步驟中,第 4 個步驟是「整理自我軸」。所謂
自我軸指的就是你自己。為了理解自己的優勢與弱點,要進行自我分
析。只不過,如果對自我軸想太多,最後很容易陷入「自己的角度」,
所以請不要鑽牛角尖。思考自我軸時,很重要的一點在於比較對自己
的評價與對競爭對手們的評價,藉此來理解自己。

試著在競爭對手軸上加入對自己的評價

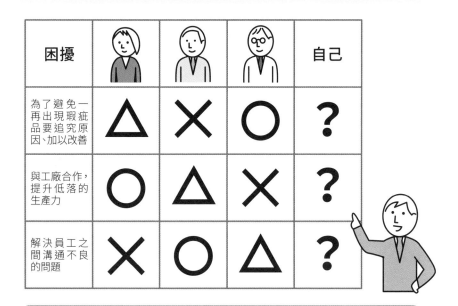

困擾				自己
為了避免一再出現瑕疵品要追究原因、加以改善	△	✕	○	?
與工廠合作,提升低落的生產力	○	△	✕	?
解決員工之間溝通不良的問題	✕	○	△	?

為了分析自我軸,不妨以具體解決困擾的能力為標準,比較競爭對手軸
上的他人和自己。我覺得在困擾的事旁邊插入「解決方案」的項目也不
錯。

　　由此可知，不是站在自己的角度思考自己的優勢與弱點，而是從對方的角度出發，進行比較、評價，藉此理解自己的優缺點，就能接近真正的優勢與弱點。另一方面，在思考自己的弱點時，不妨從「**個性的弱點**」與「**技術的弱點**」來分析。所謂個性的弱點是起因自你的性格弱點，像是不敢在人前說話等等；技術的弱點則是指單純缺乏某領域的技能。

用 5 個重點來評價自己

挑戰性

做得到

很困難

喜歡

討厭

評價競爭對手們為了解決某件事具有多大的發揮能力後，再來也要為自己打分數。這時，我建議用「做得到」、「挑戰性」、「很困難」、「喜歡」、「討厭」的標準來衡量。先從前三者選出一項，再加上「喜歡」、「討厭」。因為比起討厭的事，感覺喜歡的事更能發揮實力。

魔法的提問　　你認同自己哪些地方？

13 找出真正的優勢，加以文字化並每天閱讀

經由回溯截至目前的步驟，無論在什麼樣的情況下，都能一而再、再而三地創造出真正的優勢。

找出真正優勢的 5 步驟中，最後一個步驟是「創造真正的優勢」。承續上一節的說明，分析競爭對手們對某件困擾的事有什麼優勢與弱點，再加上自己的評價，進行比較後，就能找到你真正的優勢、清楚地看出自己的具體優勢，並該採取什麼樣的行動、朝哪個方向前進。最後，我們就要把真正的優勢 寫下來 。

找出自己真正的優勢！

解決方案	A	B	C	D	分數	自己	
為了避免一再出現瑕疵品，要追究原因、加以改善	✕	○	△	✕	3	做得到	討厭
與工廠的員工合作，思考替代方案	○	○	✕	△	5	具挑戰	喜歡
找出新的零件，提供資訊給工廠	△	△	✕	△	3	做得到	喜歡
解決員工之間溝通不良的問題	✕	✕	✕	○	2	很困難	討厭
說服業務單位與客戶，避免對工廠造成負擔	✕	○	○	△	5	具挑戰	喜歡
對主管提出建議，增加工廠的設備	○	○	○	△	7	很困難	討厭

利用前一節製作的表格，鎖定你真正的優勢。首先，依照每個項目為競爭對手軸上的人打分數。○為 2 分、△ 為 1 分、✕ 為 0 分。然後拿掉競爭對手的分數比較高的部分，為你自己的每個項目打分數。也別忘了回答是「喜歡」或「討厭」。然後再選擇競爭對手比較弱勢、自己具有優勢，而且盡可能是自己喜歡的項目。那才是你真正的優勢。

96

把真正的優勢文字化時，請寫出「期間」、「要做什麼、以什麼終點為目標」、「要對誰（對方）產生作用」、「要提供什麼價值給那個人」。當真正的優勢被文字化後，並且每天看、每天念出聲音來，就能點燃你內心的動力，告訴自己要隨時站在對方的角度而非自己的角度行動，這點很重要，還能成為你達成目標的強大助力。

讓真正的優勢文字化

鎖定真正的優勢後，再如上圖所示的方法將其適當地文字化，可以讓你更意識到自己真正的優勢，不僅如此，文字化之後再反覆地閱讀，還能提升個人士氣。

魔法的提問 什麼是只有自己才做得到的事？

97

從 5 個象限來
探討真正重要的事

什麼是在 5 個象限裡真正重要的事？藉由這個問題可以更清楚地看見你自己的風格及真正的優勢。

截至目前透過 Chapter 2 及 Chapter 3 為各位介紹了如何找出你真正想做的事和你真正的優勢，明白這些方法後，再為各位介紹一個更簡單的方法，可以確認 **自我軸** 及自己的風格。那個方法就是問自己：「什麼是對我真正重要的事？」請務必從下圖的 5 個象限問自己這個問題。

什麼是你真正重要的事？

Finance
金錢、財務

Wellness
健康、美容

Relationship
人際關係、家庭

Growth
個人的成長

Pleasure
感覺快樂、
喜歡的事

為了發現自我軸及自己的風格，不要只看到工作上的拿手領域及能力，必須從更宏觀的角度觀察自己。請分別就上圖所示的 5 個象限，寫下你覺得真正重要的事。

根本不需要緊抓著工作不放。只要從自己人生中各式各樣的象限中判斷什麼是「真正重要的東西」，就能逐漸看清你這個人的自我風格、真正想做的事、真正的優勢。不妨反覆地問自己這個問題。可以的話，請分成月、週、日等期間寫下你真正重視的事，就能據此採取具體的行動。

找出自己每個期間的自我風格

以月為單位

我要更重視與家人相處的時間！

以週為單位

每週至少要有 3 天早點完成現在正在進行的專案，趕在晚上 8 點前到家

以天為單位

想出 1 個讓目前的工作更有效率的方案！

家庭是自己最重視的事物，因此要讓工作更有效率！

搞清楚你在 5 個象限中真正重要的事物後，再將其分成以月為單位、週、天為單位的期間來操作。如此一來，你的優勢、風格就會逐漸鮮明地浮現出來，更容易昇華成能讓你採取具體的行動、讓自己的優勢能有所成長。

魔法的提問　對你而言，什麼是真正重要的事？

Chapter 4

用魔法般的問題
來打磨「想做的事」
與「優勢」

看到這裡，各位已經得到改變人生的機會了，
接下來將傳授可以讓截至目前學到的
東西更上一層樓的重點。

不想做
的事

比起得失，有沒有心動的感覺更重要

以採取行動時的選擇基準而言，比起重視自身利益的 得失 判斷，有沒有心動感覺的「愛的選擇」更重要。

　　人在進行選擇的時候，主要基於什麼標準來決定呢？首先浮現腦海的不外乎「對自己有沒有好處」。不蒙受損失地獲得利益的選擇是讓事情更有效率運作的捷徑。例如明明已經跟朋友約好見面了，萬一有個能為工作帶來幫助的約會插進來，很容易會在得失判斷下選擇與後者見面。這麼一來或許能得到利益，但朋友會離你而去。「選擇心動的感覺」則是與這種「得失」判斷相反的作法。而心動的感覺就是「愛的選擇」。

選擇心動的感覺

心動的感覺＝自己打從內心想做的事

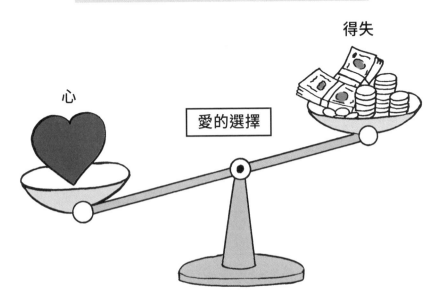

在工作上，選擇心動的感覺通常能帶來好結果。舉例來說，假設 A 先生去買球鞋，可是原本要買的牌子已經賣完了。這時如果店員告訴 A 先生其他店也有賣那雙球鞋，大多人應該都會對這種以客人優先的親切店員產生好感。不是推銷新產品或店裡想賣的東西，而是尊重客人的喜好，幫忙客人選擇需要的商品，此舉將提高自己的信用，而信用將成為你的優勢。所以比起得失，有沒有心動的感覺更重要。

魔法的 提問　怎樣才能讓人用心做選擇，而不在乎得失呢？

02

不知該如何是好的時候就重視直覺

想太多就遲遲走不到終點。為了找到自己想做的事，請重視
「直覺」。

　　想太多將遲遲無法抵達終點。思考有沒有好處或最短的路線、成本很重要，想得愈仔細，通往終點的道路應該會更接近正確答案吧？然而，實際的路有千百條，方法絕對不會只有一個。因此如果想太多，反而會迷路，變得難以接近終點。像這種時候就別再想了，乾脆轉而重視「直覺」。要選擇哪個直覺不外乎「想做 or 不想做」這 2 個選項。

利用直覺找到想做的事

抵達終點的正確答案不會只有 1 個

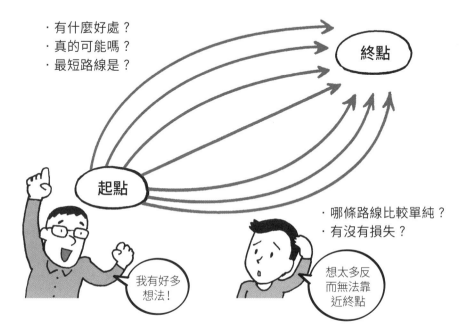

· 有什麼好處？
· 真的可能嗎？
· 最短路線是？

終點

起點

· 哪條路線比較單純？
· 有沒有損失？

我有好多想法！

想太多反而無法靠近終點

對直覺的問題請以「YES」與「YES 以外」來思考答案。YES 的「想做」是憑直覺回答「真正想做的事」。就算有阻礙也會勇往直前，一定能抵達終點，這是因為想做就會採取行動，直到闖出一番名堂為止。YES 以外則是依思考勉強自己回答「還是去做比較好吧」的答案。這不是真正想要的答案，所以大概不會有好下場。因此為了找出自己想做的事，應該重視簡單又乾脆的直覺。

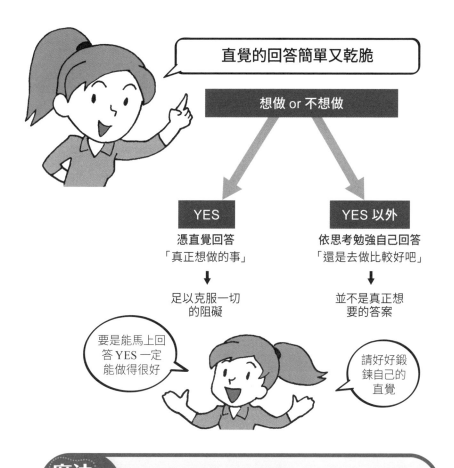

直覺的回答簡單又乾脆

想做 or 不想做

YES	YES 以外
憑直覺回答「真正想做的事」	依思考勉強自己回答「還是去做比較好吧」
↓	↓
足以克服一切的阻礙	並不是真正想要的答案

要是能馬上回答 YES 一定能做得很好

請好好鍛鍊自己的直覺

魔法的提問 你擁有什麼樣的直覺？

03 做任何事都要持之以恆

任何技術都不可能一天學會。想要擁有擅長的領域或是擁有個人的技能，都只能腳踏實地、 日積月累 的培養。

　　花最少的勞力得到最大成果的商業手法，是再理想不過了。但是要全部學會那些技術，可以說是不可能的任務。想要擁有擅長的領域或是擁有個人的技能，都只能腳踏實地、日積月累的培養。舉例來說，假設有一種 24 小時就能學會的技術，這時比起連續花 24 小時學習，分成每天 1 個小時、持續 24 天，或是每天花 10 分鐘、持續 144 天，更能確實地內化成自己的東西。因為連續開 24 小時的夜車就算學會了，忘記的速度也會很快。

學習技術無法拚速度

我想花 24 小時就學會技術……

如果不持之以恆地學習，技術無法變成自己的東西

時間一樣，但結果截然不同！

一次花上 24 小時 ＜ 花 24 天，每天 1 小時 花 144 天，每天 10 分鐘

考生

不能臨時抱佛腳啊！

比起短期間衝刺，「游泳」或「武術」等運動、「英語」或「鋼琴」等學習或才藝，都必須要持之以恆的進行。雖然每個人的情況都不一樣，但一步一腳印地堅持下去一定能產生變化。這時的重點在於每天只在可以的範圍內進行，過於勉強導致喪失幹勁就本末倒置了。訣竅在於就算只花一點時間，也要腳踏實地地持續下去。你持續不斷地學了哪些技術呢？

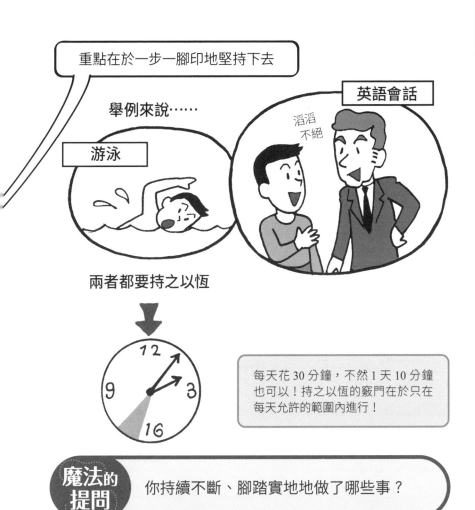

重點在於一步一腳印地堅持下去

舉例來說……

英語會話

滔滔不絕

游泳

兩者都要持之以恆

每天花 30 分鐘，不然 1 天 10 分鐘也可以！持之以恆的竅門在於只在每天允許的範圍內進行！

魔法的提問　你持續不斷、腳踏實地地做了哪些事？

4

用魔法般的問題來打磨「想做的事」與「優勢」

04 設定好方向勝過莽撞行事

唯有搞清楚自己「想要成為什麼樣的人」，才能實踐想做的事或發揮個人優勢，進而取得成果。

　　每天早上，將今天非做不可的事情列成待辦清單並且一一執行，是非常重要的任務。不過，有計畫的行動固然很好，但萬一被時間追著跑，就會失去意義。所以，在這之前必須意識到一件很重要的事，那就是清楚自己「想成為什麼樣的狀態」。唯有方向明確，才能實踐想做的事或展現自己的優勢，進而做出成績來。就像是參加運動比賽前，要先設定好方向和訓練規劃。

一開始就要先決定好「理想狀態」

一開始一定要先決定……

你是否過於專注怎麼做，而忽略了行動本身呢？

比起行動，請先思考自己想處於什麼樣的狀態

To Do List　行事曆
1.
2.
3.

出勤表

一旦被時間追著跑，方向就容易跑掉

一旦知道比賽的規則，就會了解該準備哪些訓練。工作也是如此，請先搞清楚自己想處於什麼樣的狀態及方向。確認過狀態後，就能確實地做出成果。舉例來說，決定好「想讓身邊的人得到幸福」這個大方向，或許就能看見自己的行為有哪些需要修正。另一方面，如果方向是「自己也要樂在其中」，就能與對方建立快樂的良性循環，有助於持之以恆。所以請先找出自己重視的狀態。

如果是運動……

狀態很重要

重點在於明確地指出方向

工作也是，請決定好自己想要的狀態及方向。舉例來說……

為了持之以恆……自己也要樂在其中

基本上……要讓身邊的人得到幸福

找出自己想重視的方向吧

魔法的提問　什麼是你想要的狀態？

別跟他人比較

認為自己不如人而產生 自卑感 ，通常都是一場誤解。應該將注意力放在與跟過去的自己比較，著重在自己成長之處。

　　你身邊有沒有令自己崇拜或嫉妒的對象呢？像是資歷與自己差不多，但收入卻比自己高、工作的能力比自己強、比自己受歡迎的人物。要是有，肯定會忍不住跟對方比較，可能還會因為各方面不如對方而感到沮喪。當然你也可能因此化悲憤為力量，但是多半還是會伴隨鬱悶的心情吧？像這樣處於自卑的狀態真的很可惜。

與過去的自己比較，才能看見成長的軌跡

一旦被自卑感綁住，眼光就會變得狹隘

　　一旦被自卑感綁住，眼光就會變得狹隘，很容易陷入「一定要變得跟那個人一樣」、「一定得超越那個人」的迷思，這完全是一場誤會。因為每個人都不一樣，比較是毫無意義的一件事，而且你一定也有你優秀的部分，所以請不要跟別人比較，而是跟過去的自己做比較。找出你現在做得比較好的事，試著與 3 年前、1 年前、昨天的自己比較看看，光是這樣應該就能看出自己的成長。請把注意力放在自己有所成長的這件事上。

一定要變得跟那人一樣……
一定得超越那個人才能成為第一！

這完全是一場誤會

話說回來，每個人都不一樣，
根本無從比較。對方也無法變成你

所以請不要跟別人比較，而是與過去的自己比較

重點是自己
的成長！

技能提升了　變得精明了　收入增加了

昨天的自己　1 年前的自己　3 年前的自己

跟過去比起來一定有顯著的成長，
所以請把注意力放在自己的成長上

魔法的提問　什麼是你現在做得比過去好的事？

別被計畫綁住

事前的 計畫 固然重要，但也別被太精細的計畫綁住。只要重視每一個瞬間，就能找到當下最好的解法。

採取任何行動時，一開始擬訂計畫至關重要，但如果被「一定要照計畫進行」的想法困住，可能會因此動彈不得，偏離本來的目的。即使做了充分的準備、規劃出很有效率的方案，也會因為突發的狀況或心情而導致計畫窒礙難行。當然，事前擬訂計畫是交出亮眼成績單的必要步驟，但是真正要實行的時候請不要過於堅持一定要照著計畫走，專心處理眼前發生的狀況才是最重要的。

忘掉計畫，找出當下最理想的方案

　　旅行不需要過於周密的行程計畫，因為隨著天氣或偶發事件，都有可能帶來變化，如果執意按照計畫行動，就會變成一種「確認行動」，無法享受更多的樂趣。藝人表演也是如此，脫口秀或綜藝節目都有一絲不苟的劇本，但仍有保留即興演出的空間，更能帶來有趣的效果。選擇聽從當下的直覺，通常能得到出乎意料的結果。不妨拋開計畫，珍惜每個瞬間。你能在這樣的情況下集中精神，找出最好的解決方案嗎？

雲把山遮住了！

突發狀況也很有趣！

觀光旅行

廣播節目

下個話題是……

雖然跟劇本不一樣，但這個話題比較有趣

劇本

忘掉計畫，專心處理眼前發生的狀況吧！

魔法的提問　為了珍惜這一刻，你可以做些什麼？

找出不用做的事

當要做的事情太多、壓力太大時,很容易忘了自己真正重視的事物,所以請決定「不用做的事」。

在思考非做不可的事時,如果貪心地這個也想做、那個也想做,就會處於要做的事情太多、壓力太大的狀態,像這種時候不妨先決定「不用做的事」。花時間處理無謂的事,會讓自己疲於奔命,一旦疲於奔命,就會使判斷力變差,忘記什麼才是自己真正重視的事,導致核心失焦。請定期給自己一點時間,思考手邊的案件中可以不用做的部分,更新 **不用做的事情** 清單。

製作不用做的事情清單,有助於做出成果

啊!這也得做、那也得做

整理收據

交代的工作

聯絡

開會

製作資料

出差

拜訪客戶

讓我們決定好要做的事情吧。
如果不做出決定,很容易忘記自己
真正重視的事。

有太多非做不可的事，無法活得像自己的人，行為的動機通常基於以下 2 個誘惑。第 1 個是「甜美的誘惑」，這是指自己內心的誘惑，例如累了就放棄，像這樣對自己太好的行為動機。第 2 個動機是「嚴厲的誘惑」，這是指來自別人的委託、請你做事的動機。不妨從平常就意識到這些誘惑，把不急的事寫進現在不用做也沒關係的清單裡。找出自己真正該做的事，集中能量，比較容易做出成果。

被事情追著跑，無法活得像自己的人，
往往都是受到 2 種誘惑

內在甜美的誘惑

累了就
停下來吧！

好麻煩啊，
下次再做吧！

外在嚴厲的誘惑

今天下班前要
完成這份資料！

下週一之前要
做好開會的準備！

清單

判斷如果是不急的事，就立刻寫進不用
馬上做也沒關係的清單裡

要做的事太多時，反而無法實現已經決定
好的行動。所以請先決定好不用做的事！

**魔法的
提問** 什麼是你可以不用做的事？

08 培養個人品味也很重要

雖然取得各式各樣的資格、掌握技術很重要，但更重要的是多接觸一流的事物，磨練自己的 品味 。

不管是在日常生活及職場上，具備某些資格或技術是很重要的，因為它們能帶來加分表現，但是如果沒有擁有運用這些技能的能力，一切就失去了意義。為了創造某種程度的結果，「技術」是不可或缺的能力，但是如果想創造出水準以上的成果，品味必不可少。品味不是與生俱來的天分，而是可以靠後天培養。為了讓技術可以充分地發揮，一定要試著培養個人品味。

接觸各個領域一流的事物，打磨自己的品味

技術很重要，可是如果想超越一定的品質，就不能少了品味！

資格！　技術！

　　就算不主動學習，也能藉由接觸大量一流的東西來培養品味。像是去美術館走走，欣賞美麗的繪畫及雕刻，鍛鍊藝術的品味。或是對生態領域有興趣，不妨多多接觸大自然。如果喜歡最新的科技，可以去參觀高科技商品的展示會。光是接觸一流的事物，你的鑑賞感覺就會變得敏銳。為了讓自己變得更有品味，請好好地思考該怎麼做才好。

品味可以培養！

美術

一流的藝術果然不同凡響！

大自然令我心靈富足！

自然

好高科技啊！

接觸大量該領域的好東西，是鍛鍊品味的捷徑喔！

科技

魔法的提問　為了讓自己更有質感，你會怎麼做？

117

著眼於不急但重要的事情上

完成非做不可的事情固然重要,但每天早上確認自己正往哪個方向前進,將對未來的夢想及目標產生重大影響。

你想過上什麼樣的人生?確認自己為了過上那樣的人生,平常都朝哪個方向前進非常重要。早上起床,請意識到今天一天將與未來漫長的人生息息相關,問自己:「為了想實現的目標,今天可以做什麼?」人生最重要的是**「重要」而非「緊急」的事**。為了實現人生最重要的事,鎖定方向,每天前進一小步的作法在一個月後、一年後、十年後將產生極大的差異。

每天早上確認自己的夢想和目標

今天一天與人生息息相關!

為了想實現的目標,今天可以做什麼?

確認你目前正朝哪個方向前進

1 年後、10 年後
將產生極大的差異

想實現的目標可以分成「工作」與「生活」這 2 個觀點來思考。同時兼顧兩者不是件容易的事，所以請各自列出不同的目標。例如將工作上的目標設定為「當收入超過一定的金額就出來創業」，將生活的目標設定為「等孩子長大成人就搬去海邊住」等等。設定具體的目標，朝目標前進。每個人每天都有非做不可的事，所以重點在於利用尚有餘力的早晨，思考你在漫長的人生旅途中有什麼夢想及目標。

什麼是你想實現的事？

把工作與生活分開來思考

工作	生活
年收入超過 1000 萬就自立門戶	等孩子長大成人 就搬去海邊住

當天的待辦事項固然重要，但是也請提醒自己千萬別忘了未來的夢想及目標！

魔法的提問 為了靠近想實現的目標，你今天可以做些什麼？

培養選擇最佳選項的眼光

如果想為自己而活,請養成看穿事物的本質、從想做的事情中選出 最佳選項 的習慣,如此一來就能看見人生最重要的事。

不少人都煩惱著「找不到想做的事」。不過其實那些人大部分都有喜歡的事或想嘗試的事,但往往苦於選不出最好、最想做的那件事。在資訊爆炸的現代,很難從成千上萬的選項中選出最佳方案。正因為如此,需要培養擁有選擇優先選項的能力,並隨時問自己,在各式各樣的局面中,想以什麼為優先?藉此養成選擇力、決策力與行動力。

請養成選擇最佳解方的習慣

沒有想做的事,無法選出最佳方案

找不到想做的事

我選不出最佳方案

看穿事物的本質,不妨問自己什麼才是最重要的!

在日常生活各式各樣的場面裡，養成選擇最佳選項的習慣。業務的最佳選項是什麼？將來的目標是什麼？生活想得到什麼？想參加什麼活動？只要養成這個習慣，就能逐漸明白自己最想做什麼。不過有一點必須注意，那就是這時請不要思考第二選項、第三選項。因為進行排序不僅會浪費時間，而且會讓自己的最佳解方變得不那麼確定。如果想為自己而活，毫不猶豫地判斷哪個是最佳選項，將成為不可或缺的能力。

業務的最佳選項
製作資料！

目標的最佳選項
從事環境相關的工作！

購物的最佳選項
新出版的小說！

活動的最佳選項
週末的大拍賣！

隨時養成選出最佳選項的習慣，就能讓你看見人生的最佳選項

透過選擇的習慣，可以培養出選擇能力和判斷力。

我找到自己的最佳選項了！

掌握最佳選項很重要。如果設想第二、第三的排序，只會讓想做的事陷入混亂。

魔法的提問 你想以什麼為最優先？

讓人生更充實的原理・原則②
利益法則

　　所謂的「利益法則」，是指提供比表面上看到的價值更進一步的東西。在商業上，表面的價值觀不外乎價格便宜、交期快、品質好、售後服務不錯等，全都是顧客購買該商品或服務時的好處。換言之，也可以說是顧客對商品、服務感受到的價值。

　　不過如果別家公司提供了讓顧客感覺更好用的商品，那該怎麼辦呢？顧客將不再有購買自家商品的理由，公司很可能會失去市場。價格便宜或交期快與好品質是相互矛盾的，因此若只聚焦於表面上的顧客滿意度，市場銷售可能會變得不穩定。

　　也就是說，長期下來必須善用自家公司的優勢，提供顧客無法被取代的利益。為此請先問自己：「萬一自己的公司或所屬的集團消失了，誰會因此感到困擾？有什麼困擾？」回答這個問題能讓你明確地看出自家公司能提供的優勢或商品、服務的存在意義。如果有替代的商品、服務，自家公司就沒有非存在不可的理由。唯有能提供大部分顧客高於商品價值的喜悅，而不僅止於提供商品或服務，顧客才能從中得到利益。萬一這家公司不在了，

顧客會感到可惜或煩惱，認為這家公司有無法被取代的存在意義。

　　顧客會對更多的創新作法感到高興，像是實現了過往沒有人提出過的產品或服務。又或者廣告的內容不只是為了宣傳商品或服務，而是能讓觀眾感到幸福，這種方法極具吸引力。若能賦予商品、服務超越本身價值的魅力，就能提升顧客滿意度、增強公司的存在理由。

　　再來很重要的是了解對顧客而言，什麼是優先利益。當你已經了解自家公司的優勢後，若能再了解顧客的背景，應該更容易提供有意義的商品或服務。如果想提供比自家公司現有的商品與服務更好的選項時，直接詢問顧客也是一種更快、更確實的方法。

　　對於現在的顧客，你可以直接了解他們對於過往商品或服務的感受；對於未購買過的顧客，你也可以了解到缺少了什麼購買的誘因。有些時候，也可以擴大範圍，從客戶的家人或朋友中蒐集意見。只要能理解自己之前沒有意識到的因素，就可以將其轉化、開發，提供讓顧客覺得更有利益的商品或服務。

Chapter 5

用魔法般的習慣
獲得理想的未來

即使已經找到想做的事或優勢，

如果無法改變「習慣」，就無法得到理想的未來。

所以接下來請養成改變人生的習慣。

有效利用每天的「白金時間」

早上剛醒來的時候，大腦還處於白紙一張的狀態，稱為 白金時間 。
白金時間將決定一整天的心情方向，請不要拿來看手機喔！

智慧型手機如今已成為片刻不能離手的溝通工具。你是否也隨時把手機帶在身上呢？大部分的人甚至會帶進臥室，養成就寢前還在收電子郵件或 LINE、訊息的習慣，第二天一醒來又馬上打開手機，對嗎？還會擔心睡覺的時候會不會收到重要的聯絡事情，時時刻刻都要拿出來檢查呢。可是啊，我不建議大家這麼做。我稱早上剛醒來，大腦還處於白紙一張的狀態為「白金時間」。

醒來的第一分鐘決定了一天的品質

就算只有一分鐘也好，睡醒後擁有正向思考的時間，那一天的基調就會定調為積極向上的模式。睡眠期間可能會收到包含十萬火急、令人沮喪的訊息，要是在一早的白金時間看到，隨即便會陷入憂鬱的心情，之後再怎麼思考積極正面的事，也無法打敗負面情緒，這麼一來，很可能拉低當天的產值。為了不陷入這種局面，不妨提醒自己睡醒後千萬不要馬上看手機。可以的話，最好別把手機帶到臥室裡。

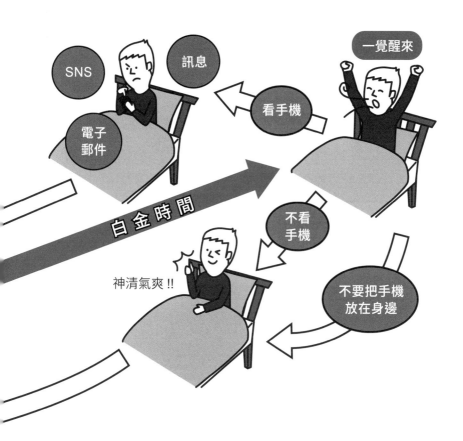

魔法的提問　什麼方法能讓你早上神清氣爽地起床？

02 將肯定變成例行公事

積極向上的心情或感謝的念頭會將人導向成功之路。不妨養成寫下那樣的心情或念出聲音來的習慣。

　　日本從以前就有句話叫作「言靈」，這是一種認為言語會在無意識的情況下變成行為的原動力，變成強烈的願望，促使我們達成目標的想法。聽起來有點像古老的迷信，但其實意外地有效，因此不能小看。請試著在大大的紙上寫下自己理想中的模樣，貼在房間的牆壁上，然後在自己能放鬆的時間念出聲音來。利用眼睛和耳朵確認，將那句話植入自己的潛意識裡。

用文字寫下想成為的自己

我能發揮充滿創意的能力

我能發揮充滿創意的能力

寫下自己理想的模樣，貼在看得到的地方，念出聲音來，利用眼睛和耳朵植入潛意識裡。

　　以上稱為「**肯定語**」，在自我啟發的世界裡是廣為人知的方法。另一方面，「表達感謝」也跟言語一樣具有強大的威力。你身邊所有的東西都是他人努力或善意的產物。人際關係也不例外，基本上都是由善意構成平靜的每一天。請以相同的方式寫下感謝的心情，貼在看得到的地方，養成念出聲音來的習慣。「言語」與「感謝」有助於創造出新的價值觀及美好的人際關係。

對世間萬物充滿感謝的心情

朋友激發出
我的實力

父母及朋友
安慰了我的心

感謝大家

也可以把感謝的言語做成桌布，設定成時時都能提醒的手機待機畫面

魔法的提問　哪句話可以成為你的心靈支柱？

寫下情緒日記以保持中立

當精神上不穩定，就無法覺察到偏頗的想法或結論。為了客觀地審視自己的狀態，可以寫下自問自答的情緒日記。

　　人無法隨時都保持相同的精神狀態。有時候從一早就感到有點惶惶不安，有時候則活力四射。當情緒感到不穩定時，必須想辦法讓心情平靜下來，像這種時候，可以利用手機或筆記本，先寫下詢問自己狀態的問題，再寫下能解決問題的話。如此反覆進行，最後必定能找到解決的方法，最後再念出聲音來，客觀地審視自己。以上的記錄稱為情緒日記，是可以「讓心靈恢復中立狀態」的行動。

反覆地自問自答，客觀地審視自己

該怎麼讓自己冷靜下來？

心情如何？

好焦慮啊

試試看深呼吸

嗶！

心情如何？
好焦慮啊
該怎麼讓自己冷靜下來？
試試看深呼吸

寫下詢問自己的狀態，導出解決方案的對話，再念出聲音來，讓心靈恢復中立狀態。

　　如果沒有答案，那麼「沒有答案」就是答案。只要內心處於中立的狀態，就不至於陷入狹隘的視野。舉例來說，即使自己覺得「太棒了！」的東西，周圍的人也不見得一定會覺得「不錯」。要是你熱烈地推薦給對方，就證明你的心偏向一邊，不再處於中立狀態。當周圍的人選了跟你不一樣的東西，請柔軟地接受也有這種可能性，這才是中立的狀態。

自己的回答只是選項之一

將自己的意見強加在別人頭上，
就表示並非處於中立的狀態

只要保持在中立的狀態，
就能看見其他選項的優點

魔法的提問　你與自己的心靈進行什麼樣的對話？

131

04

利用 1 分鐘的 提問冥想與自己對話

什麼是自己真正想做的事、想成為的樣子？請利用每天 1 分鐘的 提問冥想 問自己這個問題，導出答案。

經常可以聽到美國科技業的執行長等大人物，都會在生活中加入冥想的時間。這並非模仿東方文化，其深層的意義在於，讓人在進行重大的判斷時，能夠沒有雜念地面對事物，得到精神上的休養生息。日本的座禪體驗也具有一定的知名度，男女老幼都很崇尚，但普遍度較低，相較起來，冥想比座禪更容易嘗試。話雖如此，該怎麼冥想呢？大家有概念嗎？

腦子裡不可能突然一片空白

請讓腦子裡一片空白

這件事

什麼事

那件事

好多事

消除腦中的雜念可不是一件簡單的事

在寺廟體驗座禪或冥想時，經常可以聽到「請讓腦子裡一片空白」的指示。可是一想到「要來冥想了！」反而會使勁思考，遲遲無法消除腦中的雜念不是嗎？像這種時候，只要不斷地反覆問自己一個問題即可，那就是自己真正想得到的東西是什麼？只要 1 分鐘就夠了。除此之外的雜念自然會從腦海中消失，請養成這個習慣，藉此讓自己朝目標行動。

只要重複問自己一個問題就行了

什麼是現在真正想做的事？

什麼是現在真正想做的事？

什麼是現在真正想做的事？

什麼是現在真正想做的事？

反覆地默念同一個問題，雜念自然就會消失，可以朝自己鎖定的方向展開行動

魔法的提問　你安排什麼時間，讓自己靜下心來？

傾聽全身的聲音

身體細微的變化會對當天的表現造成相當大的影響。每天有自覺地，檢查自己的身體，觀察身體 的變化。

　　工作表現出色，總能呼風喚雨的商務人士突然身體不適、不得不退出第一線的消息時有所聞。他們往往因為太專注於工作，而疏於照顧自己的身體。即使不到被迫退休的程度，但因病痛纏身而苦惱不已的人想必也不少。不舒服的徵兆可不是靠每年一次的健康檢查就能完全看出來，請務必在日常之中就盡量關照自己的身體。起床的時刻，往往就決定了當天的身體狀況。

每天早上都要檢視身體的變化

早上醒來時先快速掃描全身的狀況，如果覺得腰痛也許就預約按摩；如果覺得頭痛就事先吃個止痛藥，採取應有的對策。有沒有事先對症下藥，將會影響一整天的表現。同樣地，每天早上也請站在鏡子前觀察自己的臉色，因為身體的變化都會表現在臉上。倘若發現臉上出現不太好的變化，請馬上採取對策。

身體的狀況會表現在臉上

魔法的提問　　你現在的氣色如何？

在行事曆中排入與自己約會的時間

對每個人而言,最重要的還是你自己。請積極地確保屬於自己的時間,忙碌工作之餘,也要適時地安插休息時間。

　　誰是你最重要的人?你是否忘了那個人是你自己?你會遵守與身邊重要之人的約定,也會把工作的行事曆仔細地寫進記事本或手機裡,卻沒有在行事曆裡寫下與最重要的自己約會的時間嗎?或許你覺得有多餘的時間再分給自己就好了,但是如果不跟工作上的約定一樣,以相同的意識保留時間給自己,通常就難以得到自我的放鬆時間。

「有空的時間」不等於「自己的時間」

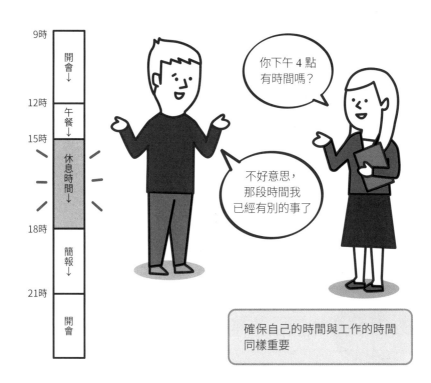

　　因此請在行事曆裡寫下屬於自己的時間＝ my time 。重要的程度與工作上的安排相同，請確保有能讓自己放鬆的時間。另外，工作時也不要等到剛好告一段落才休息，而是定期加入休息時間。過度集中精神會降低工作品質。只要遵守每作業 25 分鐘就休息 5 分鐘的步調，就能提高專注力，也能提升工作效率。

養成定期休息的習慣

比起全神貫注地工作到一段落才休息，每隔 20 ～ 30 分鐘就休息一下有助於提升工作的品質及效率

魔法的提問　誰是你最重要的人？

記錄每天習慣，了解真實的自己

試著 記錄 每天的習慣，就能明白該如何抵達終點。先決定好一個主題，再觀察自己的生活。

如果你覺得「找不到想做的事」、「得不到理想的未來」，請先好好覺察自己的習慣，這點非常重要。因為不了解現在的自己就不知道應該為目標或夢想做出什麼改變，又該怎麼改變。你思考過自己的一天是怎樣度過的嗎？當然，只要依照時間順序，就能想起一部分經過，例如早上起床上班、下班後跟朋友去喝酒、享受私人玩樂的時光、洗澡、睡覺之類的流程。

了解自己的生活就能知道該如何改善

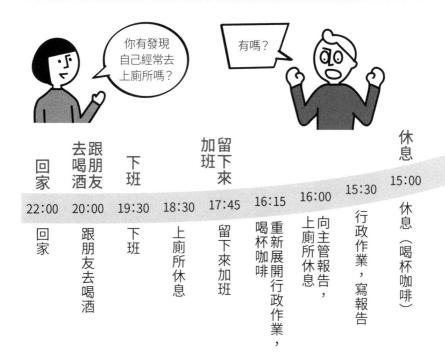

　　然而，我們很難對自己平常都做了些什麼事有所自覺。舉例來說，你知道自己一天喝了幾次水嗎？記錄下來，或許會被自以為的數字與現實之間的差距嚇一大跳。可見人是多麼不了解自己的生物。所以「記錄」這個行為才格外重要。「記錄→認知→行動→改變」其實是非常簡單的反應，但是請記住這個反應是改變人生的捷徑。

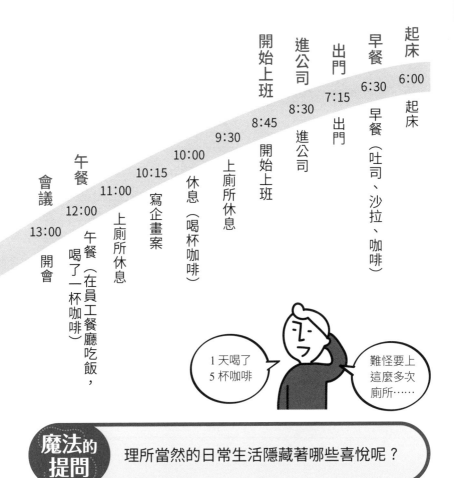

起床 6:00 起床
早餐 6:30 早餐（吐司、沙拉、咖啡）
出門 7:15 出門
進公司 8:30 進公司
開始上班 8:45 開始上班
9:30 上廁所休息
10:00 休息（喝杯咖啡）
10:15 寫企畫案
11:00 上廁所休息
午餐 12:00 午餐（在員工餐廳吃飯，喝了一杯咖啡）
會議 13:00 開會

1 天喝了 5 杯咖啡

難怪要上這麼多次廁所……

魔法的提問　理所當然的日常生活隱藏著哪些喜悅呢？

139

08

定期地在心中
想像想感謝的人

讓別人感到幸福喜悅的時候,自己往往能得到更多的喜悅。你
想讓誰擁有幸福感呢?

　　根據 2017 年的一項英國研究調查發現,給予同伴食物的黑猩猩,
體內分泌了被稱為「**愛情荷爾蒙**」的催產素,而同樣的現象也發生在
人類身上。催產素能夠產生對他人的愛和信任感,使人感受到幸福。
值得注意的是,比起接受別人給予的喜悅,將快樂帶給別人,催產素
的分泌量更高。

溫柔待人比受到溫柔的對待更幸福

讓對方感到開心

讓別人感到高興比被別人喜歡更容易增加
愛情荷爾蒙,也會感受到更多幸福。

即使是在當下完成的行為，催產素也會被分泌出來。但是，當你長期地讓某人感到高興時，催產素的分泌時間也會延長，這樣你也會更加幸福，所以，讓某人感到高興對於你和對方都是有益的。因此，請思考一下，你想要讓誰感到開心喜悅？浮現在你腦海中的人應該就是你生命中重要的人。如果你意識到身邊有許多這樣的人，你就能夠以幸福和感激的心態與他們相處，不是嗎？

你想要讓誰感到幸福？

每天早上不妨思考一下，你想讓誰感到幸福，而這個人一定是重要的人。一旦意識到被這種人包圍，肯定會覺得更幸福吧！

魔法的 提問　今天想讓誰感到幸福？

利用聯絡清單來提升生產力

除了主要的業務以外，把其他只是單純需要聯絡的業務獨立出來，製作成清單，可讓人更容易專心處理主要的業務。

　　雖然都是工作，但有些作業的優先順位比較高，也比較花時間；有些作業則只是寫信給某個人的簡單聯絡業務，如果全部亂七八糟地夾雜在每天的行事曆裡，將削弱專注力，導致效率無法提升。可能會不小心漏掉混在重大業務中的一部分聯絡業務，或是太在意聯絡業務，而無法專心處理主要的業務，造成如此失衡的最大的原因，就是把重要的業務與聯絡業務放在同一個行事曆裡。

重大的工作與聯絡業務混在一起會導致效率低落

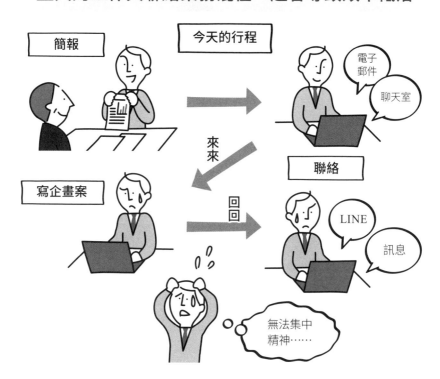

要解決這個問題最有效的對策，就是仔細地調整必須在期限內處理好的主要業務的時間表，事先抽出並非屬於主要業務的聯絡業務，整理成 **聯絡清單** ，而聯絡清單只要註明聯絡對象及聯絡方式、聯絡事項即可，不必先決定好要在哪個時間處理。這麼一來，行程表的先後順序就能一目瞭然，可以專心處理主要的業務。此外，養成有條不紊的聯絡習慣還能讓聯絡對象更信賴你。

分別處理 ToDo 清單與聯絡清單

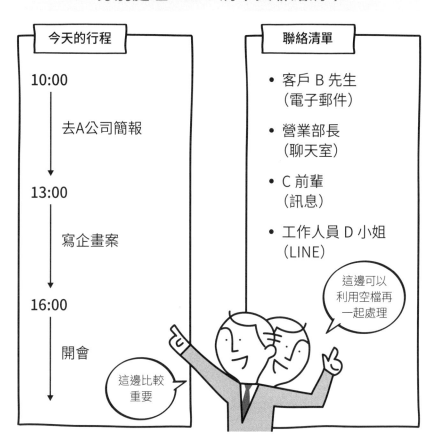

魔法的提問　你希望協助哪些人呢？

透過「輸入」，讓人生更多彩多姿

要產出基本上要先「輸入」。從各式各樣的經驗及體會得到的資訊日積月累下來，就成了多彩多姿的產出。

　　無論是哪一個行業的工作，都需要具有創造性，也就是能產出的能力。所謂產出可以說是根據自己這輩子日積月累的經驗，亦即從輸入中誕生出來的產物。要是沒有注意到這個前提，只顧著產出的話，遲早會江郎才盡，無法再有新的產出。你是否也有過不知不覺間做著與過去相同之事的經驗呢？不過說到輸入，也不用想得太困難。

因為有輸入才能產出

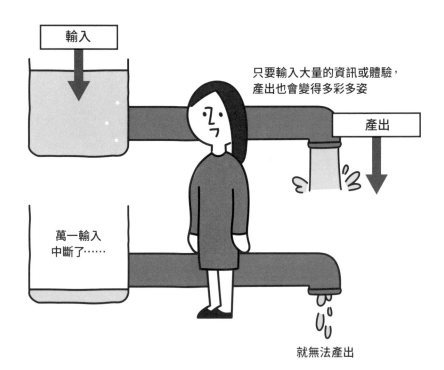

只要輸入大量的資訊或體驗，產出也會變得多彩多姿

輸入

產出

萬一輸入中斷了……

就無法產出

　　最簡單的方法就是閱讀，這點從以前說到現在，都已經是老生常談了。書本會告訴許多個人得要花上很多時間才能體會到的事，再也沒有比閱讀的性價比更高的事了。除此之外，也可以透過到訪從未去過的地方或是餐廳吃飯。旅行也是一個不錯的方式，事先不要做太詳細的功課，而是直接造訪目的地，體驗新鮮的感動，將能帶來更大的輸入效果。還有，光是與身邊的人聊天就能帶來收穫了。

閱讀

造訪沒去過的地方

啊，這家店看起來很好吃

○×小飯館

聽別人說話

因為 A 是 B，所以 C 是 D

閱讀至今不曾接觸過的書籍類型，或許會有意想不到的收穫

魔法的提問　你把自己得到的知識運用在哪些地方？

11 利用願望清單來抓住理想中的未來

即使大目標實現了，喜悅感也會逐漸消失。不妨把長期目標列入願望清單，和日常的快樂清單區分開來，分別管理。

　　你對將來有什麼遠大的目標嗎？可以是「想出人頭地」、「想成為作家」這種職業上的目標，也可以是「想蓋房子」、「想買車」、「想移民去夏威夷」這種與生涯規畫有關的目標。假設其中有個目標終於實現了，這時你肯定會感受到強烈的喜悅。然而過了幾年，達成目標的狀態已經成為日常生活中的一部分，變得平凡無奇時，喜悅的感覺應該也會跟著麻痺。

強烈的喜悅不知不覺會變得理所當然

出人頭地

太棒了！

5 年後

隨著時間流逝，強烈的喜悅將變得理所當然、習以為常

嗯……日子……還是一樣過……

不過，除了實現遠大的夢想及目標以外，應該也有某些瞬間是能感受到喜悅的吧。像是吃到美味的食物、與心愛的人約會、看電影等，這些每天在日常生活中的經驗，通常都充滿了小小的喜悅。不妨將其分成遠大目標的「願望清單」與日常快樂的「喜悅清單」，分別使其 **視覺化**。把願望清單視為長期的目標來努力，同時每天都享受喜悅清單的內容，隨時讓自己沉浸在幸福的感覺裡，就能抓住未來遠大的夢想。

關鍵在於小小的喜悅與大大的希望

喜悅清單

・想吃起司蛋糕
・想去旅行
・想約會
・想看電影
・想睡個好覺

實現 →

每天都好
幸福……

願望清單

・移民夏威夷
・出人頭地
・成為作家
・蓋房子
・買車

← 希望

總有一天要
實現！

魔法的提問　你有什麼遠大的夢想呢？

為了前進必須意識到盡頭

與其推遲想做的事，不如積極地去做。重點在於過上「就算今天是最後一天」也了無遺憾的生活。

　　「今日事，今日畢」是日本人一般的思維。假設你心愛的人因為生病或意外突然過世了，那一瞬間應該會感到無比地後悔，「還想跟他做這些事……」。如果是能馬上去做的事，請立即實現，這麼一來下週就能再經歷別的體驗。你個人或心愛之人的生命走到盡頭前的那一天，如果能再多經歷一些事，每天的生活不是會過得更加充實嗎？

所有人都相信還有明天

相信未來固然重要，但是還有未來的想法很容易讓人忘記要努力地充實現在。

請思考著「假如今天是最後一天」。假如今天是最後一次見到心愛的人，你想做什麼呢？你想為對方做什麼呢？思考這件事，就能了解什麼是你身邊最重要的存在，應該也能找出自己真正想做的事。如此周而復始，就能不斷地前進，不斷蛻變成新的自己。意識到 **盡頭** 是指隨時處於充滿能量的狀態，為了持續前進，請務必正視盡頭。

假如今天是最後一天？

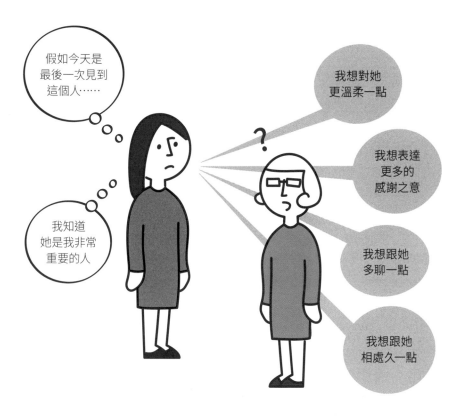

魔法的
提問　　假如今天就是最後一天？

Chapter 6

用魔法般的診斷面對自己的特質

為了讓人生照著好的劇本走，
一定要了解自己的「特質」。
在這本書的最後，
請深入地理解何謂個人特質，
掌握自己的人生。

01 珍惜人際關係的「款待」族群

「款待」族群會把對方及夥伴的心情看得最重要。著眼於建立人際關係及信賴的關係，對此進行各種努力。

　　「款待」族群很在乎 **別人的心情** ，把人際關係看得比什麼都重要。他們行動的目的主要都放在建立信賴關係及經營溝通的基調上，同時擁有自己的堅持，隨時都在蒐集資料，摸索新的可能性。另一方面，也因為太在乎別人的心情，一打開話匣子就沒完沒了，容易浪費彼此的時間。除此之外，也具有深怕對方討厭自己，情緒會隨對方的反應起起伏伏的弱點。

重視周圍的和諧，是很體貼的人

如果要稱讚這個族群，讚美過程比讚美結果更重要。因為這群人最開心的莫過於對方知道自己付出多大的心血，肯定自己每天的成長。要斥責這種人的時候也得回顧過程，提及那件事讓別人產生什麼樣的情緒。只要能讓他們理解其行為會讓別人感覺受傷、生氣，他們就會立即明白自己挨罵的原因並開始反省。提點這種人的時候，不能只有目的，必須依序說明要怎麼做才行。再藉由解說各自的理由，就能掌握全貌。

魔法的提問

你做了什麼有貢獻的事？

重視目標的「實現」族群

「實現」族群的特徵是以自己的步調貫徹 目標 。不妨好好地利用明確的願景與數字的評價來控制一切。

　　「實現」族群具有決定好目標就勇往直前的特性，為了達成目的而重視效率，所以很痛恨自己的步調被打亂。因為遵從自己的信念朝目標前進，很容易忽略向對方說明、報告及聯絡的過程，被視為是不知變通的頑石或個性冷漠的人，可以說是這種人的弱點。這是因為他們只知道照著能做出成果的最短距離前進，才會產生這些問題，因此這些人的課題在於維持自己的步調同時也要能觀察周圍的變化。

為了達成目標勇往直前

讚美「實現」族群時，列舉具體的數字、例子或貢獻度，肯定對方的功績，會很有效果。因為這種人很討厭場面話等模稜兩可的廢話，光是稱讚他們是沒有用的。叱責他們的時候，點出問題在哪裡等客觀的數值並加以討論，對方馬上就能理解。如果只是感情用事地叱責對方只會招來反效果，所以一定要小心。提點對方時，適合採用先說結果，再從結果倒推要怎麼做出的方法來提點對方。另外，先舉例說明也很重要。這個族群的特徵是需要搞清楚「要揭示什麼樣的願景」，藉此讓個人特質綻放。

◆ 讚美對方時 ◆
・舉例給予具體的評價
・明確說出對結果的貢獻

◆ 叱責對方時 ◆
・切勿感情用事
・將問題數值化來說明

◆ 提點對方時 ◆
$32 = 4 \times 8$
・從結果倒推回來更容易讓對方理解
・一定要舉例說明

「實現」族群可以分成這4種人

【開拓者】

【浪漫者】

【唯一者】

【全能者】

魔法的 提問　你有什麼願景？

03 重視直覺與感性的「靈感」族群

「靈感」族群是重視直覺、毫不猶豫採取行動的人。他們很擅長讓想像力無限馳騁、掌握本質。

以直覺及 **感性** 為原動力，反應極為靈活是「靈感」族群的資質。具有想像力豐富、藉此掌握全貌、完成任務的優勢，如果有什麼特別的事，就會讓他們充滿幹勁，滿心期待地勇於挑戰，追求各種可能性。然而，多半都是基於直覺行動，所以有時候也會讓人覺得他們沒有計畫。另一方面，他們的弱點是不擅長掌握報告的先後順序，也較難依照指示採取行動。

善用直覺的力量自由飛翔

特徵是……
① 以直覺及感性為原動力
② 反應極為靈活
③ 有什麼特別的事就會讓他們充滿幹勁

弱點是……
① 欠缺計畫性
② 不擅長安排先後順序報告或說明
③ 無法依指示採取行動

這些人是「靈感」的族群

讚美這個族群時，重點在於要極盡誇張之能事。受到讚美能讓他們感覺心滿意足，激發出更多的幹勁是其特徵，因此不妨針對他們的功績不吝給予讚美。斥責他們的時候，起初可以罵得狠一點。當他們感受到對方生氣的程度，才會理解自己做錯什麼。提點他們的時候，在短時間內鎖定重點的方法最有效率。給他們一個粗略的印象，接下來由他們自己思考，他們就會默默努力改善。請記住，有計畫的教育方針幾乎在他們身上派不上用場。對他們提出「魔法的提問」，讓他們發揮直覺的力量，他們就會找到自己現在追求的明確答案。

◆ 讚美對方時 ◆
・總之先大力地讚美
・受到稱讚能提升他們對自己的肯定度

「靈感」族群可以分成這4種人

【挑戰者】

◆ 叱責對方時 ◆
・起初可以罵得狠一點
・沒完沒了地發怒只會造成反效果

【努力者】
未來
過去

【感應者】

◆ 提點對方時 ◆
・在短時間內講完重點最有效
・他們會在別人看不到的地方默默努力

【完美者】

魔法的提問　你通常會有什麼樣的靈感？

04 【和諧者】 創造和諧的人

重視 和諧 的「和諧者」，對所有人都公平地一視同仁。個性積極向上，會徵求別人的同意，發揮優異的協調性。

　　「和諧者」最在意公平性了，會對所有人一視同仁。很會照顧別人，性格急公好義，看到有困難的人無法不伸出援手，也是個每天都努力提升自己的上進者。只不過，他們不是那種站在前面領導所有人的人，而是重視和諧，先得到周圍的認同再公平前進的人。另外，非常講求效率，痛恨不夠體面的自己。熱愛新玩意兒，對蒐集情報充滿熱情，喜歡吸收最新的流行資訊，但如果一開始輸在起跑點上，就會突然喪失幹勁。

充滿協調性，深諳平衡之道的類型

　　下列的問題很適合用來問「和諧者」：①你喜歡什麼樣的和諧？②與人相處時，你重視什麼？③想與什麼人合作無間？④認為什麼樣的遊戲規則可以發揮團隊的優點？⑤願意為和諧做些什麼？⑥為了能百尺竿頭、更進一步，會踏出怎樣的第一步？

　　首先，請各位思考一下自己的軸心，與人相處時最重視什麼？其次，再具體地思考未來將會與什麼樣的人、以什麼樣的態度、在什麼樣的遊戲規則下合作無間，想像一下彼此間的關係，最後再摸索出提升技能的點子，付諸行動。

❶ 很會照顧別人

辛苦了～

❷ 拚命蒐集最新的資訊或流行

❸ 喜歡帥氣且體面的自己

❹ 非常重視公平

我們永遠在一起喔！

魔法的提問　　你喜歡什麼樣的和諧？

05

【觀察者】觀察力敏銳、善於察言觀色的人

「觀察者」總是站在 客觀的 角度，非常善於察言觀色，照顧在場所有人的情緒。把信賴關係看得比什麼都重要，具有拓展朋友圈的能力。

12 種類型中，同儕意識最強的「觀察者」，其最大的優勢在於無論什麼樣的情況下都具有客觀的視野。這會帶來非常優越的觀察力，非常善於察言觀色，很會照顧所有人。另外，互助合作的精神也很旺盛，看到有困難的人，無法放著他們不管。另一方面，討厭小聰明或偷跑等破壞團隊精神的行動。另外，很容易給出無法實現的承諾，也是其特徵之一。除此之外，很熱中於蒐集資訊，而且具有如果不徹底研究、不親自調查不肯罷休的性格。

具有強烈的同儕意識，樂於助人

不妨問「觀察者」以下的問題：①平常在意哪些事？②希望別人怎樣體貼自己？③會思考該怎麼做才能讓某人開心嗎？④為了與大家相處融洽需要做什麼？⑤想跟哪種人組成團隊？⑥誰需要你提供客觀的角度？

　　首先，反省自己，創造提升察言觀色技巧的機會。其次，想著某個人，想為他做出什麼貢獻，藉此提升自己的幹勁。透過思考團隊的和諧和考慮同伴來增進自己的特質，再利用⑥，想像應該具體地將自己的魔法施加在誰身上。最後也要記得關照自己。

❶ 個性客觀，觀察力很敏銳

❷ 無法對有困難的人置之不理

這孩子的母親在哪裡？

❸ 不會隨便地做出承諾

……

❹ 會仔細審查蒐集到的資訊

必須仔細研究過才能決定

魔法的提問　你會思考，該怎麼做才能讓那個人開心嗎？

06 【自然者】崇尚自然，重視內心安全的人

即使平常是悠閒懶散的 自然人 ，面對嚴重的問題時也會發揮實力，這就是「自然者」的特性。內心的安全比什麼都重要。

　　「自然者」最大的優先事項是內心的安心安全，喜歡時時刻刻處於不需要偽裝的關係裡。在工作上也不喜歡勉強自己或陷入緊張的局面，但是在令人無法放心的凝重場合卻能激發幹勁，發揮實力。痛恨欺騙，能看穿藏在事物底下的附加價值，因此也具備摸索改善問題的革新性。喜歡隨時處於被愛的狀態下，有時會發脾氣，但這也是為了看穿對方的本質。

崇尚自然的講究個性

喜歡不需要偽裝，能讓自己感到放心的關係

也是渴望愛情的類型

可以問「自然者」以下的問題：①自己現在是忠於自我的狀態嗎？②為了活得更自然願意放棄什麼？③為了放鬆願意做哪些事？④什麼地方是能讓自己處於自然狀態的環境？⑤什麼時候會勉強自己？⑥為了活得更像自己會做些什麼？

請先檢查現在是否為自然的狀態，這點非常重要。密集地提出能夠消除阻礙要素的問題。想像理想的環境，思考那些阻礙理想的要素、非努力不可的事情。最後再用⑥的問題來制定讓自己保持自然狀態的規定，就能建立起充滿安心安全的生活。

❶ 害怕勉強或緊張

❷ 討厭騙人也討厭被騙

❸ 擅長為事物加上附加價值

❹ 處於能放心的狀態就能提升幹勁

魔法的提問　為了活得更像自己，你會做些什麼？

07 【實力者】
著重經驗及實績的人

「實力者」會累積經驗及實績，耐心等待大展拳腳的機會。為了培養真正的實力，這種人的精神力比其他類型都還要強韌。

　　「實力者」認為持續累積經驗及實績非常重要。具有無師自通，看穿他人本質的審美眼光是他們最大的優勢。反之，面對成績比自己好的人，他們的身段又放得很柔軟。具有鑽研專業領域到極致的能力，能在提升商品力上發揮巨大的實力。基本上屬於比較低調的性格，會耐著性子等待能充分發揮自己實力的場面來臨，可以說是 **台面下的實力者**。另外，也很喜歡願意為自己製造這種局面的人。

一直等待能發揮實力的有心人

終於輪到我出場了

充滿實績與經驗的人果然沉得住氣呢！

以下的問題很適合用來問「實力者」：①你想累積什麼樣的經驗呢？②你想和有哪些經驗的人一起活動呢？③你想成為誰的支柱呢？④和什麼的人在一起能讓你心情平靜呢？⑤你希望自己的實力受到誰的肯定呢？⑥為了幫上別人的忙，你有什麼堅持嗎？

經驗與實績是實力者的特質主軸，因此要利用①來確立其標準。接著再想像，可以一起活動的人和能讓自己安心的人、想支持誰、希望誰來肯定自己的實力等人際關係，決定影響力的範圍以及從今以後的目標，然後再仔細思考可以從事哪些具體的活動來讓別人開心。

魔法的提問　你想得到什麼樣的經驗？

08 【開拓者】開創新事物的開拓者

「開拓者」敢勇於挑戰沒有人做過的事。擁有決斷力及就算失敗也能記取教訓、善用經驗、勇於面對的 不屈精神 。

　　熱愛挑戰新的事物，速戰速決，做決定時絕對不迷惘是「開拓者」的特徵。因此稍微欠缺一點長期展望性。具有就算失敗，也能再站起來的鬥志，能抓住敗部復活的機會。另外，也想與互別苗頭的競爭對手建立雙贏的關係。害怕緊繃的人際關係，喜歡對等的友善關係。不管幾歲，為了想做的事或想要的東西，都能勇往直前。

毫不猶豫前進的決斷力很迷人

　　與「開拓者」建立信賴關係時，問他們以下的問題很有效：①想開創什麼樣的路？②哪裡是未開拓的地方？③想見識什麼樣的世界？④該怎麼有效率地使用時間？⑤開拓的道路前方有什麼？⑥什麼是下次有機會時想做得更好的事？

　　先讓對方察覺到過去開拓了哪些東西，就能找出尚未開拓的課題或想開拓的領域，從而提升幹勁。再讓對方想像前方的世界，確認要開拓哪一條路，製造出能讓對方具體地踏出第一步的契機。

❶ 想挑戰新事物

❷ 善用敗部復活的機會
下次一定要成功！

❸ 速戰速決，決不迷惘
好的！交給我

❹ 與競爭對手建立雙贏的關係

魔法的提問　你想開拓什麼樣的路？

09 【浪漫者】 將浪漫化為現實的人

浪漫主義者 會從長期的角度來實現夢想。希望身體健康、很會蒐集情報是其特徵,極為重視家庭及自己人。

　　「浪漫主義者」隨時都在追求夢想及浪漫情懷,是 12 種類型中最浪漫的人。從長期的角度來思考如何實現夢想。因此很重視健康,非常有自制力,熱中於蒐集資訊,但不會漫無目的地蒐集沒用的資訊。利用整理環境來提升生活的效率,不收拾乾淨會影響到個人鬥志。此外也非常重視家庭及自己人。為了與「浪漫主義者」互相理解,不妨問他們以下幾個問題。

一定會實現夢想的努力家

無論花再多時間都要實現夢想!

　　①對什麼事情感到浪漫？②如果有能力實現所有人的願望，想要哪種能力？③為了實現理想願意做什麼？④什麼是花時間也想做的事？⑤100年後未來變成什麼樣子，會感到幸福？⑥想與誰共創未來？「浪漫者」具有將腦海中描繪的夢想化為現實的能力。首先，請讓他們察覺自己被什麼吸引。然後再以①為中心，有助於認識社會及身邊的人，也了解自己的能力，發現用來實現夢想的主題。最後再從長期的角度想像浪漫的對象，請他們回答想和誰攜手前進。

魔法的
提問　　什麼是花時間也想做的事？

10

【唯一者】
唯一且第一的人

「唯一者」很喜歡跟別人不一樣的自己。以既是唯一也是第一為目標,具有強烈的個性,貫徹自己的步調。

是徹底堅持走自己路的類型,很討厭被別人的步調影響。以只此一家、別無分號的想法出發,立志成為第一名。願意為此絞盡腦汁、全力以赴。不僅如此,重視一貫性,擅長階段性地調整計畫。當自己和別人不一樣的地方被指出來,像是「你怪怪的喔」,他們會覺得很得意。另外,為了精力充沛地活動,必須擁有充電的時間,因此一定要有屬於自己的時間。

具有朝目標勇往直前的強大意志力

為了與「唯一者」的人相處融洽，不妨問他們以下的問題：①你想成為的獨一無二，是什麼樣的人？②如果可以為所欲為，你想做什麼？③你能創造哪些跟別人不一樣的地方？④有什麼想向別人炫耀的東西嗎？⑤你認為什麼是自己才能辦到的事？⑥你想在什麼地方發揮自己的個性？

許多人都沒發現自己其實是獨一無二的人。所以要利用這些問題發現自己和別人有哪裡不一樣，回顧過去發生的事，想起自己的實績，思考要把特質發揮在哪裡。

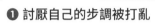
❶ 討厭自己的步調被打亂
快點～

❷ 接收資訊，調整階段性的方針

❸ 很喜歡別人說自己「怪怪的」
我可不是在稱讚你

❹ 為了充電很珍惜屬於自己的時間

魔法的提問 你想成為哪種獨一無二的人？

11 【全能者】任何事都能完美搞定的人

比起跳級，更喜歡提升整體水準的「全能者」。
不分上司或下屬，跟任何人都能一視同仁地交往，這點也很吸引人。

　　長袖善舞，基本上做任何事都能完美地搞定是「全能者」的特徵。比起只有某項事物特別突出，更重視提升整體的 **平均值** ，因此只要能掌握到全貌，就能做得有模有樣。是 12 種類型中最熱愛付出的人，讓人看見自己的誠意、誠心地與人相處將成為他們至高無上的喜悅。無論什麼狀況，只要認為自己是對的，就能堅強且不屈不撓，無論對方是什麼立場，都能一視同仁地相處，受到許多人的喜愛。

崇尚自由與平等的全能型選手

不妨問「全能者」以下的問題：①什麼是均衡的人生？②什麼是度過一天的理想方法？③什麼時候會失去平衡？④為了取得平衡會提醒自己什麼？⑤你現在有什麼能派上用場的優點？⑥想塑造出什麼？

先讓對方想像取得平衡的人生，具體地思考為此要怎麼生活，擬訂預防的對策，最後再明確地搞清楚想塑造什麼，提升幹勁。一旦了解取得平衡的方法，目標也會變得明確。

❶ 熱愛付出

我做太多了，分一點給你

非常感謝妳

婆婆小心點

樂於展現善意

❷ 認為自己沒錯的事會堅持到底

❸ 與誰都一視同仁地相處

魔法的提問　為了取得平衡會提醒自己什麼？

12 【挑戰者】 充滿挑戰精神的人

「挑戰者」具有不局限於常識或概念、不怕失敗的性格及挑戰精神。非常需要有同伴來支持他們豐沛的行動力。

　　從挑戰 **可能性** 中獲得成就感的「挑戰者」就算失敗也不氣餒，會一直挑戰到成功為止。推理能力也很優秀，具備高度分析資料、導出解答的能力。是那種不搞清楚「是非黑白」絕不罷休的人，倘若一開始就被他當成敵人，關係將很難修復。行動時能從全球化的角度看事情，因此不容易被困境擊倒。同時也是胸懷大志、充滿冒險精神的人，具有多角化延伸事物的能力，所以也需要反應靈活的夥伴來互補。

全力以赴直到成功為止的挑戰者

不妨問「挑戰者」以下的問題：①什麼令你興奮期待？②倘若你無所不能，想挑戰什麼？③什麼會阻止你的可能性？④認為自己有什麼可能性？⑤誰能幫你實現你的想法？⑥什麼是你立刻就能挑戰的事？

興奮期待的感覺是能量的來源，因此請利用①的問題仔細確認。想像挑戰下一個可能性的畫面，思考該如何鎖定及排除造成阻礙的要素，應該就能找到連自己也不知道的自己。再具體地思考願意幫助自己的夥伴或伴侶，踏出通往實踐的第一步。

❶ 持續挑戰直到成功為止

❷ 具有優於常人的推理能力

❸ 對於是非黑白沒有模糊地帶

❹ 從全球化的觀點看事情

魔法的提問　什麼事會讓你充滿期待？

13 【努力者】
默默努力的人

在別人看不見的地方默默努力是「努力者」的特色。無論再怎麼困難的技術都能不屈不撓地努力學會。

　　「努力者」是 **默默努力** 、為組織做出貢獻的專家。這種人如不隨時保持行動力就會感到不安，比起向別人學習，擁有觀察別人的技術以及有如海綿般吸收的能力，記憶力也很好。可惜對未來沒什麼大志，比起明天更重視今天，因此很擅長找出現在的問題，提出見解，動腦筋、下工夫進行改善或改良。喜歡和跟自己一樣的專業團隊交往，討厭與半途而廢的人扯上關係。

活在當下的努力者

不妨問「努力者」以下的問題：①什麼人算專業呢？②什麼是無論如何都想實現的事？③做了什麼不想被別人看見的努力？④希望得到什麼肯定？⑤想組成什麼樣的專業團隊？⑥認為什麼事最好能在今天內完成？

首先請明確地界定專業的定義。即使只是很模糊的人物形象或理想中的形象也無所謂。其次，這種人往往沒有意識到自己很努力，所以請先有所自覺，了解自己希望得到什麼肯定。最後再想像理想的專業團隊，思考第一步該怎麼走。

❶ 觀察別人沒教的技術偷偷學習

祕密的研究

❷ 記憶力很好

12 年前的今天，晚飯吃的是咖哩飯喔！

❸ 想跟自己一樣的專業團隊交流

❹ 不想被人看見自己默默努力的模樣

魔法的提問　什麼樣的人才算專業？

【感應者】
直覺與靈感超強的人

「感應者」會善用敏銳的直覺，閃現出誰也想像不到的靈感。擁有豐富的感性，能接受所有與自己不同感性的人。

14

擁有豐富的感性，什麼都想像得到的「感應者」是 12 種類型中最容易 **靈光乍現** 的人。尤其沒有自己的特殊風格，無論在什麼樣的環境下、無論面對什麼性格的對手，都能自由變化地接住對方的感性，這點是他們的優勢。另外，因為直覺十分敏銳，也具備無中生有的創意。只不過，因為隨時都想保持自由之身，所以很害怕受到束縛。重視自己與家人的榮耀，因此會以面對任何人都能抬頭挺胸的生存之道為目標。

擁有高度感性的創意天才

靈感剛好來了！

時時刻刻都要伸出感性的觸角

以下的問題最適合用來問「感應者」：①假如能自由自在地做任何事，你想做什麼？②什麼時候會靈光乍現？③為了將靈感變成點子該怎麼做才好？④為了實現點子需要什麼（誰的力量）？⑤為了更進一步打磨直覺可以做什麼？⑥為了活得更自由該怎麼做才好？

自由是「感應者」的核心思想。具體地分析為了活得更自由，思考著在什麼時候？想做什麼？能做什麼？該做什麼才好？再想像轉換成點子的方法、必要條件、如何提升直覺力，敞開心胸，讓自己活得更自由。

❶ 擁有豐富的感性

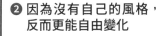
❷ 因為沒有自己的風格，反而更能自由變化

❸ 對自己及家人感到光榮

❹ 是無中生有的創意家

魔法的提問　假如能自由自在地做任何事，你想做什麼？

15 【完美者】心臟很大顆的完美主義者

設定目標，以卓越的分析能力及強韌的精神力完美執行的「完美者」。他們也很擅長做簡報，是工作能力很強的類型。

　　「完美者」是指隨時都想達到滿分 100 分的完美主義者。具有強韌的精神，決定好目標一定會使命必達，分析能力也很優異。只不過，並不是做什麼都想完美無缺的類型，而是只有在自己在意的領域裡才有突出的創造資質。發言極具說服力，也很擅長做簡報。如果受到周圍的人讚美：「工作能力好強啊！」會更有幹勁，還能成長到令人刮目相看的地步。另外，重視禮貌及打招呼也可以說是其特徵。

完美地達成設定的目標

　　以下是對「完美者」的問題：①對完美這個字眼有什麼印象？②接下來想做什麼？③為了實現完美還缺少什麼？④在你的完美上再加點什麼可以實現更遠大的夢想？⑤哪裡是能讓你的完美派上用場的地方？⑥從哪裡開始執行？

　　因為完美已經變得理所當然，所以請先自我分析「何謂完美？」接著再思考為了實踐完美還有哪些不足的部分、為了提升自我想補充哪些要素等等，決定好哪些是能執行的部分？從什麼地方開始？不過，有時候可能會因為太過於堅持完美，因此攬下太多工作，要特別小心。

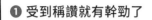

魔法的提問　對完美這個字眼有什麼印象？

讓人生更充實的原理・原則③
吸引力法則

意識到本來的自己、實現理想中的未來稱之為「吸引力法則」。這是由非常簡單的原理所構成。首先，擬定具體的目標。然後思考為了實現那個目標要怎麼做，需要哪些知識。以上的想法愈強烈，愈容易集中精神，有助於接收過去看到可能也不放在心上的訊息，一一解決問題，就能達成當初的目標。

舉個具體的例子，那就是「愚人節幸福法」。這是基於我本人的體驗，讓吸引力法則更淺顯易懂的例子。當初在電子報發表「魔法的提問」時，我設定了總有一天要讓自己的著作出現在書店裡的目標。這時，我靈機一動，決定在愚人節發布即將出版著作的消息。愚人節是可以說謊的日子，所以我做了一個有模有樣的封面，利用電子報通知讀者「終於成為 Amazon 的暢銷書了」。這是我開的小玩笑，但收到電子報的讀者都不知道這是玩笑話，紛紛留言詢問我或祝福我，在那之後，我強烈地意識到出書這件事。

半年後，我收到某出版社寫信來問我是否有出書的意願，於是出版了《直譯：為心靈的引擎點火的魔法提

問》（こころのエンジンに火をつける 魔法の質問）這本
書。多虧了我在愚人節給自己一個願景，讓目標具體化，
才能實現吸引力法則。同樣地，只要在愚人節想像自己
想變成的樣子，就能實現夢想。不過，當然只能撒些無
傷大雅的小謊，不可能變成某個國家的國王或總統，平
常沒有在打棒球的人也不可能突然打進大聯盟。必須在
自己身邊的人勉強會相信的範圍內，這種謊言才適合用
來作為目標。

　　身為組織的一員，如果想追求更具體的成果，召
開「未來提問會議」也很有效。假設一年後要開會，以
這段期間會發生好事為前提，討論「今年發生了什麼好
事？」、「為了讓那件好事成真採取了哪些行動？」接著
再把時間軸轉到現在，思考「要採取什麼樣的行動才能
讓那件好事成真？」所謂「好事」將成為你的目標。只
要能想像從達成目標之日倒推回來的過程，就能明確地
知道該怎麼做才能達成目標。

　　舉例來說，假設你是個業務員，不妨問自己：「假
如我是頂尖業務員，我會採取什麼行動？」試著演練一
遍自己從起床到上班這段時間的行動、進公司的時間與
第一件事做了什麼，與顧客約時間拜訪的方法及去到顧
客那邊的話術等等，發動吸引力法則，變成完全不同的
自己。

寫在最後

比起發揮優勢,更應該活出自己。

非常感謝各位看到最後。

找到發現理想自己的契機了嗎?

知道自己有什麼優勢了嗎?

書本只不過是敲門磚,但是如果能從這本書裡找出理想的自己,知道自己有什麼優勢的話,我會非常開心。

只不過,我有一個希望。那就是請不要勉為其難地硬要找到那個理想的自己或優勢。

找不到理想的自己時,請對自己眼前的事全力以赴,盡可能將幸福感散發給周圍的人。什麼是理想的自己?像這樣把焦點完全放在自己身上時,反而看不清自己的理想。而是應該在與別人的相處中,感受喜悅、感受成就感,一點一滴地理解「這才是理想的自己!」

找不到自己的優勢時,請把能量傾注在喜歡的事或感興趣的事情上。只要做喜歡的事,時間不知不覺就過去了,就像小時候,會驚奇著

怎麼有如此神奇的魔法。與生俱來的優勢可以靠看這本書就能知道的「魔法的開關」來挖掘，做喜歡的事則能培養與生俱來的優勢。

請盡情地做自己喜歡的事。在做那些事的時候，自然而然就能看見自己。

如果問我：你能自信滿滿地告訴別人自己有什麼優勢嗎？我可能什麼也說不出來。

正因為如此，比起發揮優勢，更應該活出自己。請這樣告訴自己。

所謂活出自己，是指誠實地面對自己，不對自己說謊。請把自己的心聲當成最重要的聲音。

但願這本書能幫助各位活得更像自己。

松田充弘

• 參考網站
https://maho-switch.com/type/

• 參考文獻
《要問出好問題，你得先問問自己》（質問は人生を変える），松田充弘
著／楓書坊出版

《起床後 1 分鐘的魔法提問筆記》（朝 1 分間、30 の習慣。ゆううつでム
ダな時間が減り、しあわせな時間が増えるコツ），松田充弘著／幸福文化
出版

《直譯：12 種類型，了解個人優勢的「魔法開關」》（12 のタイプから人の
強みが一瞬でわかる「魔法のスイッチ」），松田充弘著／ きずな出版

《1 日 1 問的答案之書》（365 日の質問 1 日 1 問答えるだけで理想の自分
になれる），松田充弘著／三采出版

《直譯：點燃心靈引擎的魔法提問》（心のエンジンに火をつける 魔法の質
問》，松田充弘著／サンマーク出版

《發現你的天職：三大步驟，讓你選系、就業、轉職或創業不再迷惘》
（世界一やさしい「やりたいこと」の見つけ方 人生のモヤモヤから解放され
る自己理解メソッド），八木仁平著／如何出版

《直譯：寫下來就能找到個人優勢的筆記書》（書くだけであなたの「強み」
が見つかるノート），田中祐一著／ SB Creative 出版

日本工作團隊

編輯協力　渡邉亨、佐古京太、斉藤健太（株式会社ファミリーマガジン）、竹内雅彦（株式会社風都舎）、苅部祐彦、井上岳則、幕田けいた

內頁插圖　井葉子、熊アート、柴山ヒデアキ（アルフハイム・スタジオ）、すがのやすのり、新津英夫、渡邉史

封面設計　小口翔平＋畑中茜＋青山風音（tobufune）

封面插圖　別府拓（Q.design）

內頁設計　DTP　松原卓、西川太郎（ドットテトラ）

心│視野　心視野系列 138

找到理想自己‧改變人生的 74 個魔法提問
理想の自分、自分の強みを見つけて生まれ変わる！ 魔法の質問見るだけノート

作　　　　者	松田充弘
譯　　　　者	賴惠鈴
封 面 設 計	張天薪
內 文 排 版	許貴華
行 銷 企 劃	蔡雨庭‧黃安汝
出版一部總編輯	紀欣怡

出　 版　 者	采實文化事業股份有限公司
業 務 發 行	張世明‧林踏欣‧林坤蓉‧王貞玉
國 際 版 權	劉靜茹
印 務 採 購	曾玉霞
會 計 行 政	李韶婉‧許俽瑀‧張婕莛
法 律 顧 問	第一國際法律事務所　余淑杏律師
電 子 信 箱	acme@acmebook.com.tw
采 實 官 網	www.acmebook.com.tw
采 實 臉 書	www.facebook.com/acmebook01

I　S　B　N	978-626-349-683-5
定　　　　價	350元
初 版 一 刷	2024年6月
劃 撥 帳 號	50148859
劃 撥 戶 名	采實文化事業股份有限公司
	104台北市中山區南京東路二段95號9樓
	電話：(02)2511-9798　傳真：(02)2571-3298

國家圖書館出版品預行編目資料

找到理想自己. 改變人生的 74 個魔法提問 / 松田充弘著 ; 賴惠鈴譯 . -- 初版 . -- 臺北市 : 采實文化事業股
份有限公司 , 2024.06
192 面 ; 14.8×21 公分 . -- (心視野 ; 138)
譯自 : 魔法の質問見るだけノート ： 理想の自分、自分の強みを見つけて生まれ変わる！
ISBN 978-626-349-683-5(平裝)
1.CST: 成功法 2.CST: 生活指導

177.2　　　　　　　　　　　　　　　　　　　　　　　　　　　　　　　　113006075

HEART
心｜視野

HEART
心｜視野